La révolution tunisienne : la part du droit

Collection « Diversités »
Dirigée par Hedi SAIDI, historien.

Cette collection est destinée à présenter les travaux théoriques, empiriques et pratiques des chercheurs scientifiques, et des acteurs sociaux. Elle a vocation à publier des ouvrages essentiellement universitaires, traitant des rapports sociaux, de la mémoire, de l'histoire et de l'altérité. Elle se propose de constituer un portail d'accès à l'étude des sociétés contemporaines et offrir une plateforme d'échanges à des chercheurs de plusieurs disciplines.
La collection entend faire connaître la production française dans les domaines historiques et sociologiques mais aussi relayer les travaux de chercheurs étrangers et devenir ainsi un point d'appui dans le développement des échanges scientifiques au niveau international en sciences humaines et sociales.

Jamil SAYAH

La révolution tunisienne : la part du droit

L'Harmattan

Du même auteur

Au cœur de la tragédie arabe : la crise du constitutionnalisme, Éditions Phenomena, 2009.

Le Droit administratif, Studyrama, 2007.

La religion de la loi : la laïcité réaffirmée, Éditions Phenomena, 2004.

Le droit à un corps parfait : critique d'une utopie, Éditions Phenomena, 2002.

Politique de l'Islam : l'idée de l'ÉTAT de Ibn Khaldoun à aujourd'hui, Éditions de l'Atelier de l'Archer - Diffusion PUF, 2000.

5-7, rue de l'École-Polytechnique ; 75005 Paris

http://www.librairieharmattan.com
diffusion.harmattan@wanadoo.fr
harmattan1@wanadoo.fr

ISBN : 978-2-336-00662-8
EAN : 9782336006628

A la Tunisie éternelle

« Si le peuple un jour proclame sa volonté de vivre,
le destin doit répondre à sa volonté »

Abou El-kasem Chebbi

Introduction

Depuis le déclenchement de ce qu'on a pris l'habitude d'appeler le *printemps arabe*, l'idée de Révolution est omniprésente. C'est un mouvement qui s'est emparé de cette partie du monde bousculant comme un *tsunami* des structures qui, jusque-là, étaient considérées comme immuables. Véritable basculement historique, ces événements produisent des transformations politiques inédites et probablement irréversibles. C'est une marche ascendante qui se veut non seulement une rupture avec l'ordre ancien, mais surtout un arrimage avec l'Universel. Aussi, les motivations de ces soulèvements ne peuvent point se réduire à leur seule facette économique (inégalité, chômage, absence de perspective…), il y a de surcroît la volonté de ces peuples de mettre définitivement un terme à leur marginalité historique et d'être embarqués vers le mieux, pour le meilleur et sans le pire.

C'est par là que s'est opérée une rupture décisive mettant au premier plan la conflictualité comme nouveau paradigme de ces sociétés. Cette image que beaucoup croyaient immuable d'un monde arabe voué à l'immobilisme individuel et collectif, frappé par une incapacité éternelle à réagir à l'autoritarisme, est désormais caduque.

La preuve semble avoir été administrée par le renversement de ces régimes tyranniques et sans dignité. Et le mouvement actuel met en évidence « qu'après un demi-siècle de glaciation autoritaire, de blocage géopolitique, le monde arabe pourrait être sur le point de reprendre le fil de son histoire longue. »[1] On peut interpréter cette prise d'initiative comme une réelle volonté de ces peuples, d'une part, de refuser désormais de se laisser guider sans réagir et, d'autre part, de reprendre par l'action leur destin en main. Plus jamais de soumission.

C'est pourquoi dans ces pays, les multiples traits constitutifs du concept de démocratie ou d'Etat de droit n'apparaissaient jamais auparavant dans leur co-présence significative et leur cohérence normative. Aucune pratique ni aucun texte juridique ne les laissait transparaître. L'absence de liberté était la règle absolue. Aussi, est-il plus opportun de regarder ces mouvements comme un processus de transformation politico-juridique appelé à durer et dont le soulèvement constitue l'instrument porteur. Cependant, nul ne peut prétendre connaître ni maîtriser tous les déterminants de ces mutations. Voilà qui engage à éviter de projeter naïvement les schémas des révolutions passées sur le contenu et la forme de ces processus révolutionnaires encore en mouvement. Cependant, ce qui demeure parfaitement en lien avec les autres Révolutions, c'est cette volonté de rompre avec l'ordre ancien. Une volonté qui s'exprime d'une manière totalisante voulant faire table rase de l'ancien afin de mieux reconstruire le nouveau. Elle repose sur l'idée qu'on peut remonter le temps. On entre alors de plain pied dans une autre temporalité. Le temps de *tous les*

1. P. Hassner, « Entretien », *Esprit*, juin 2011.

possibles. Comment n'y pas voir le début prédéterminé et providentiel d'une mutation en action ?

Mais de quel temps parlons-nous ? Le temps physique n'est pas le temps historique. Or la Révolution telle qu'il faut l'entendre en Tunisie est un processus de retour dans l'histoire et dans la politique. Elle a ouvert précisément un nouvel espace et offert aux Tunisiens la possibilité d'un nouvel imaginaire. Elle n'est nullement un repli haineux derrière ses frontières (culturelles) ; mais elle a programmé la fin de *l'exception arabe* qui pousse à opposer le relativisme culturel à l'universel. Elle a cassé la spirale de la violence réelle et symbolique d'une tyrannie des temps révolus. Elle a changé le rapport au temps en introduisant la possibilité de vivre et de s'organiser autrement. C'est la respiration dans un pays jusque-là asphyxié. Elle a favorisé l'indépendance d'esprit chez tous ses membres et profité de la créativité suscitée par l'exercice de cette indépendance pour concrétiser la liberté dans la structuration de la vie en commun. Rompre le silence et donner libre cours à la contestation. Sans elle (la contestation), aucune conscience de vérité n'aurait pu se former.

En effet, la contestation a abouti à des mesures concrètes pour transformer effectivement les pratiques mises à l'index. Elle ne s'est pas contentée de rappeler les grands principes. Elle a visé à créer des conditions nouvelles pour leur permettre une autre applicabilité. On retrouve ainsi les deux versants de la *démarche révolutionnaire* : celui, d'une part, qui établit un état contradictoire, partagé entre son projet d'indépendance et sa lutte contre la répression, et celui, d'autre part, qui tâche de définir le sens des interférences nécessaires avec les pratiques autoritaires en vigueur dans l'ordre social dominant.

Or précisément, une telle critique de l'ordre dominant a fait cruellement défaut dans la pensée juridique en Tunisie. Au contraire, les juristes (ou certains d'entre eux) ont tenté de justifier cette domination en lui inventant une assise légale. La science du droit a cédé à la tentation d'un positivisme absolu dont l'obsession normativiste lui a fourni la clé d'une *domestication* des sphères dominantes. Sous prétexte de neutralité et d'objectivité, certains d'entre eux ont abandonné toute idée transcendante et naturellement universelle du Droit. Ils ont couvert par l'ordonnancement juridique les dérives les plus abjectes d'un système totalitaire. Une telle pratique a remplacé la pensée juridique par un discours du droit comme un lieu spéculatif réduit à un formalisme dont la loi semble auto-suffisante. Cette posture du juriste fait écho à la juste et légitime interrogation de D. Lochak[2] : qu'est-ce qu'être juriste en période de dictature ? Est-il possible à celui qui se prétend tel de se fabriquer avec cette qualité une fausse distance (scientifique) pour ne vouloir ni agir ni réfléchir le réel ? « L'exégèse descriptive, banalise, euphémise et, finalement, légitime l'illégitimable. Et cela ne peut être accepté, répond D. Lochak ». Disons-le hautement, le flot montant des lois d'un régime dictatorial ne crée pas du Droit. Elles sont, ces lois, la traduction de la poussée des intérêts, de la fantaisie du prince, de la violence des passions. Risibles dans leur nature car elles sont l'œuvre d'un pouvoir toujours plus autoritaire, toujours plus tyrannique

2. D. Lochak, « La doctrine sous Vichy ou la mésaventure du positivisme », in *Les usages sociaux du Droits,* PUF-CURAPP, 1989, p. 252.

car toujours plus isolé dans son peuple. Ces lois ne se commentent point. Elles se dénoncent. A l'instar de la doctrine en France qui a su analyser la responsabilité du juriste sous le gouvernement de Vichy, la doctrine tunisienne doit obligatoirement se faire violence et ouvrir ce débat car le *benalisme* n'était pas uniquement une dictature mais un système, un organisme plus encore qu'une organisation.

Faut-il alors, cédant à de telles critiques, renoncer à l'espoir d'un Droit capable d'arrêter le Pouvoir, et reconnaître en lui un instrument de libération ? L'Histoire ne nous a-t-elle pas montré un Droit d'une bien autre dignité ? Et l'exemple tunisien ne témoigne-t-il pas aujourd'hui encore que tout ce qui est Loi (despotique) peut ne pas être Droit ? Cherchons donc comment s'en prévenir. Aussi voit-on dans la Révolution un moyen efficace pour éviter l'asservissement du Droit. Or généralement, Droit et Révolution ne forment point un couple harmonieux. Le Droit supporte mal les Révolutions et les Révolutions ne peuvent accepter le Droit tel qu'il était appliqué et conçu. Car, à la Révolution politique se succède toujours une révolution juridique qui en constitue son prolongement dans la mesure où la nécessité de *liquider*, d'effacer les vestiges de l'ordre ancien de la mémoire, devient une obligation quasi morale. L'ensemble des institutions antérieures à fonction idéologico-juridique va être ainsi transformé. De l'ancien rien ne doit subsister.

Ainsi donc, les révoltes bousculent le Droit. Elles sont la traduction de la poussée des opinions violentes et des passions populaires. Dès lors, il faut ajuster le temps sur l'instant révolutionnaire. La destruction radicale des appareils normatifs antérieurs devient une nécessité. Les anciens repères disparaissent et d'autres valeurs apparaissent. Ainsi, il n'y a plus de Droit intangible dans ses parties essentielles, soutenu par des croyances communes. Ce dilemme est la conséquence inéluctable de la mutation dans la mutation. Le retournement est complet. Est-ce à dire que toute autre forme de normativité se présente comme une contre-révolution ? C'est sans doute l'extraordinaire paradoxe de ces temps troubles. Mais la liaison n'a rien de rationnel.

De fait, en période de bouillonnement de vérités sans cesse nouvelles, le Droit est au contraire de rares points d'eau dans ce désert de la pensée qui, une fois découverts, sont à jamais précieux. Où est donc ce fleuve que je m'y désaltère ? Le génie du juriste trouve instinctivement cette parade au principe de la continuité du Droit. Dès lors, il s'accommode de la Révolution que dis-je, il s'en réclame ! Mais au prix d'un sacrifice : accepter la fin de la Loi y compris de la Loi fondamentale pour que vive le Droit. Tout cela est expliqué, justifié, prôné, comme reflétant une conception toujours plus avancée et toujours plus élevée du Droit. Or en quoi consiste ce Droit qu'on oppose à l'ordre juridique ancien ?

Cette réflexion se voudrait être une tentative pour saisir dans ses multiples formes les mutations que peut subir le Droit sous l'emprise d'une Révolution. Si des études diverses ont déjà été consacrées à cette thématique, il nous a semblé qu'un effort d'articulation de ces dimensions reste à faire. Dans cette perspective, c'est le changement, la transition, la discontinuité, les bouleversements qui constituent la *normalité* normative en s'opposant dans un rapport dialectique à la permanence et à la continuité. Du même coup, ce qui fait problème, c'est la stabilité : comment les tensions et antagonismes constitutifs d'un ordre juridique trouvent un équilibre provisoire, comment des réseaux normatifs se restructurent, comment des mécanismes de régulation se mettent en place ?

Chapitre 1

La Révolution en processus

CHAPITRE I
La Révolution en processus

Tout soulèvement populaire a une histoire ou, mieux encore, il est à lui-même sa propre histoire. Cette équation, loin de résoudre le problème de la connaissance d'une certaine réalité, le pose au contraire avec une force et une urgence renouvelées. Car, pour *lire* cette histoire, pour *découvrir* ses lois de structuration et de transformation, il faut décomposer, par l'analyse théorique, ce qui est donné dans une synthèse pratique. Toutefois, il est utile de fixer les contours conceptuels d'un phénomène, avant d'entreprendre son investigation. Il semble même plus prudent d'entreprendre cette recherche à partir d'une fausse innocence théorique, *en allant de l'avant*, afin de découvrir les problèmes conceptuels qui se posent, chaque fois qu'on tente d'appréhender le réel. C'est en ce sens que l'analyse conceptuelle de la nouvelle donne politico-juridique en Tunisie semble tout indiquée pour aborder la question du processus révolutionnaire, car elle nous introduit au cœur de la problématique du bouleversement des sociétés, et nous découvre, en la matière, une imprécision conceptuelle idéologiquement déterminée.

En effet, les analyses du processus révolutionnaire se situent, très généralement, dans une perspective théorique évolutionniste de l'histoire, suivant laquelle chaque fait (politique) est produit, sans rupture, par dédoublement des éléments de la formation du fait (politique) précédent. Les soulèvements populaires sont alors l'une des expressions les plus viables de la production d'une certaine forme de l'universel. Dès lors, expliquer ce processus ne doit en aucun cas se réduire à situer le phénomène dans son contexte territorial. Une problématique du changement révolutionnaire doit se penser en tant que fait transcendantal et, par conséquent, il faut partir de l'autodétermination des acteurs collectifs et de leur production du processus de transformation sociale. On ne rejoint pas l'histoire concrète par la production de réservoirs de significations abstraites. La seule manière pour contrecarrer l'abstraction du sens politique est de retourner à l'histoire sociale comme *donnée* positive. Ce passage, de l'inaction à l'action, dans le rapport collectif, pose la question des motivations poussant à un tel effort d'expression. La volonté collective produit une nouvelle manière d'être, d'agir voire de défense contre un pouvoir oppressif. La décision de s'engager dans un combat souvent porteur de violence (réelle et symbolique) repose sur la conscience de l'existence d'un *Nous* transcendantal, c'est-à-dire sur un mouvement réel abolissant l'état actuel.

Ainsi, pour saisir le rôle véritable du processus révolutionnaire, pour assigner à ses conséquences une juste place dans le cours immense de l'Histoire, il ne faut pas se laisser emporter par son bouillonnement, mais en distraire son regard, observer quelle était son allure avant qu'il ne retrouve une marche *normale*. Avant c'était l'autorité de Ben Ali, de Moubarak, de Kadafi…, les maîtres auxquels étaient soumis les peuples et contre lesquels ils se sont élevés. Le phénomène est éclatant. Ces heures heureuses s'inscrivent ineffaçablement dans la mémoire des peuples, venant clore à leurs yeux à la fois une époque (nous vivons les temps de la révolution) et une forme de bouleversement des conditions et des rapports politiques. Mais c'est dans la phase cachée, dans l'abysse, que l'on va chercher la signification du mouvement. C'est aux acteurs qu'on la demande ; comme si les hommes savaient ce qu'ils font et faisaient ce qu'ils croient.

Ils croient combattre l'oppression, borner le pouvoir, faire cesser l'arbitraire, garantir les libertés et la sécurité, remédier aux inégalités et asseoir la dignité de chacun, bref, ils veulent construire ou reconstruire, car cette tâche leur a été jusque là interdite. Ils ont donné sens à l'Histoire. Ils ont rempli une fonction historique dès lors qu'ils ont bravé la peur et bafoué le Pouvoir. Leur solidarité témoigne de leur force et donne le signal d'une ruée contre le *Léviathan* devenu impuissant. C'est le fourmillement des envies qui s'expriment et des appétits qui se déchaînent contre l'Autorité. Tandis qu'elle craque, on entend autour d'elle les murmures du nouveau pouvoir en gestation. Des hommes nouveaux ! Demander à ceux-là leur programme, quelle dérision. Pitoyable incompréhension ! Méconnaissance profonde de la nature du phénomène révolutionnaire.

C'est pourquoi, cette réflexion ne peut procéder uniquement de l'abstrait. Elle doit à l'aide de ses outils conceptuels expliciter des situations historiques particulières, suffisamment riches pour faire apparaître les lignes de force du phénomène étudié : le processus révolutionnaire. Toutefois, la confusion idéologico-théorique, existant dans ce domaine, nous oblige à un repérage préalable de notre objet, à la fois en termes conceptuels et en termes juridique. Cette démarche n'a rien de descriptive et se présente, au contraire, comme une opération discursivement indispensable pour éviter les connotations linéaires simplistes et aborder, en toute clarté, le processus révolutionnaire dans sa complexité.

1. Identification typologique du phénomène révolutionnaire

Du strict point de vue de l'histoire des concepts, il importe de reconnaître que c'est dans l'œuvre de Marx que la croyance en la Révolution devient l'axiome fondateur d'une nouvelle *Histoire universelle* du genre humain, rompant ainsi avec la vision linéaire de l'histoire[1]. En effet, c'est dans la pensée marxiste que l'idée de la Révolution se cristallise en théorie. Elle est considérée comme « l'accoucheuse de toute vieille société qui en porte une nouvelle dans ses flancs »[2]. Elle est l'instru-

1. Avant Marx, les Anglais (Burke et Paine par ex.), Robespierre, Joseph de Maistre, les contre-révolutionnaires, Tocqueville, Hegel et sa force du négatif… qui en tant que Modernes pensaient en termes d'Histoire universelle. Donc ici, on peut modérer l'affirmation de la première phrase. D'autre part, il y a ceux qui ont vu les révolutions des Lumières françaises et américaines, 18e siècle, des révolutions pour « l'homme abstrait » (c'est ce que Marx dénoncerait) et ceux qui au XIXe penseront la révolution, celle de 1848 par exemple, pour « l'homme concret » (Marx toujours). Enfin, Marx n'invente pas la révolution comme moteur de l'Histoire, il déplace l'acteur de cette révolution : de l'Homme des droits de l'homme, isolé et né doté de droits naturels abstraits, au Prolétariat, notion collective et réelle.

2. K. Marx et Fr. Engels, *Le manifeste communiste*, In Œuvre, t.1, Economie, La pléiade, Gallimard, 1965, p. 157.

ment grâce auquel « le mouvement social l'emporte et met en pièces des formes politiques figées et mortes »[3].

Ainsi, un mouvement collectif n'est que l'expression inconsciente que des hommes sont amenés à partager, en fonction de leur relation singulière à l'absolue liberté qui se cache en eux. Cette lutte serait supportée par une volonté capable d'imaginer et de projeter de nouvelles formes d'auto-conditionnement social et serait prolongée par une intelligence de l'action capable de formaliser dans des structures positives l'ordre nouveau ainsi voulu. Héritage des Lumières, cet argument est central dans les contemporaines théories sur les *printemps* arabes, qui toutes supposent l'existence d'un cercle vertueux entre dignité et progrès social, entre prospérité matérielle et libertés garanties par un système démocratique de type libéral-pluraliste. L'idée d'un enchaînement universel et nécessaire, où la métaphore de la *chaîne*, suppose à la fois le principe de la continuité cumulative de tous les progrès et la thèse selon laquelle ces derniers vont entraîner ou engendrer un mouvement vers le mieux, celui d'éliminer la fatalité et d'en finir avec la soumission. D'où une nouvelle manière, pour ces peuples, de se rapporter à l'avenir avec un double sentiment d'être enfin ancré dans la marche de l'Histoire et dans la modernité.

Dès lors, dans cette *symphonie* révolutionnaire quelle qualification peut-on donner à la chute de la dictature en Tunisie ? Cette foule qui s'est mobilisée au nom de la dignité, de la liberté, du refus de l'arbitraire pour se débarrasser d'un despote corrompu a-t-elle accompli une Révolution ? Ou, ce mouvement de protestation locale,

---

3. Ibid, p. 157.

parti de *Sidi Bouzid*, après l'immolation par le feu d'un vendeur ambulant (Mohamed Bouazizi), provoquant le renversement du régime et se propageant aux pays voisins, n'était-il pas en réalité qu'un acte de révolte ? Certains estiment même que tous ces évènements s'apparenteraient plus, eu égard à leur nature éphémère, à des émeutes qu'à une révolution. Certes. Mais « l'étincelle qui met le feu à la plaine est toujours un meurtre d'Etat »[4]. Aussi, ce n'est pas tant le renversement de l'ancien régime qui constitue en soi le point de repère sur lequel nous devons nous baser pour qualifier le soulèvement tunisien, que l'ensemble du processus qui a été porteur d'une volonté manifeste de rompre avec l'ordre ancien. De ce point de vue, ce qui s'est passé en Tunisie oscille entre la révolte et la révolution dont on va essayer d'établir une typologie.

Par révolte, il faut entendre l'embrasement d'une partie de la population souvent en réaction à des mesures coercitives jugées illégitimes. Cette catégorie de soulèvement est porteuse d'un certain nombre de caractéristiques qui la différencie d'autres formes d'émeutes. Mais néanmoins, elle reste peut-être la phase première de la révolution[5]. D'abord, une révolte est toujours la résultante d'un processus émeutier porté par une catégorie de la population souvent jeune cherchant à mettre à terre un régime étatique (ou autre) considéré comme indigne car despotique. La part que la jeunesse peut prendre pour donner corps à la révolte peut se draper de plusieurs formes. Elle débute comme toujours par un affrontement avec les forces de l'ordre qui, le temps passant, se transforme parfois en véritable *guérilla urbaine*.

4. A. Badiou, à qui nous empruntons beaucoup de ce qui va suivre concernant les différents classements entre révolte et révolution. *Le réveil de l'histoire : circonstances 6*, Lignes, 2011.
5. Ibid.

Mais la nouveauté que la révolte tunisienne a mise en exergue, c'est l'usage par cette jeunesse, des nouveaux moyens de communication, notamment les réseaux sociaux tel que Facebook, comme instrument pour exprimer sa révolte. Dès lors, l'antique notion de *l'engagement* pourrait bien, dans ce contexte, retrouver un regain de ferveur, à condition de bien comprendre que cette *mobilisation* n'est pas une norme fixe, un idéal ou un seuil minimum, mais seulement le produit toujours provisoire d'une mobilisation politique pour défendre une cause en perpétuelle formation. Utiliser l'espace virtuel comme *lit* de la liberté quasi-absolue, constitue le sens de cette démarche. Etrangement, la déficience de cet engagement est dans la dialectique de la reconnaissance d'autrui. Les jeunes *blogueurs* et autres *facebookeurs* ont les partis politiques et le militantisme (classique) en horreur et ne croient pas aux institutions mais en une vie organisée en réseaux quasi tribaux qui nourrissent leur engagement politique. L'Autrui *réel* reste à découvrir et à rencontrer comme partenaire de combat. Mais franchir ce pas n'est point prévu dans la démarche. Et le passage de ce partenariat virtuel au partenariat réel, la révolution en ferait son *credo*.

Le second critère qui caractérise la révolte c'est le référentiel territorial. En effet, le soulèvement-révolte est généralement fixé dans l'espace. Il se déclenche dans des territoires *perdus* par l'Etat. Incapable d'imposer sa force et de se faire respecter, ce dernier voit alors son autorité chahutée et son existence même rejetée par ses propres citoyens. Impuissant, il n'a que la répression à offrir à cette demande sociale. Ce décalage entre la demande et l'offre renforce encore plus l'hostilité à son égard et rend la violence à son encontre légitime. « Elle dévaste, si elle peut, les rares symboles de l'Etat, achevant ainsi de ruiner sa faible présence »[6]. Ainsi, la mécanique de la révolte s'amorce par une déresponsabilisation massive de ceux qui y participent. Laquelle engendre l'hypothèse d'une facile fin de règne.

Or le soulèvement de type révolte possède peu de force en lui pour rompre avec l'ordre ancien. Car dans sa dynamique interne, il demeure enfermé dans les limites de ses propres fondamentaux. Géographiquement confiné, il reste circonscrit aux sites de relégation sociale comme par exemple, Sidi Bouzid, le bassin minier de Gafsa, la ville de Kasrine et sa région. Il se trouve incapable de se déplacer et placer la contestation sur l'ensemble du territoire. Et quand il s'élargit, il le fait plutôt par contagion que sur ordre. Il s'immobilise dans son propre espace d'émeute. Et il se charge parfois d'une revanche de classe qui l'expose au rejet des autres.

Dès lors, il se prive d'un double ancrage qui pourrait justement lui permettre de transcender ses limites : un large soutien populaire, d'une part, et un arrimage avec l'universel, d'autre part. En effet, le soulèvement-révolte ne peut changer de nature et passer de la contestation à la production de sens que lorsque celui-ci arrive à se débarrasser de son idéalisme subjectif qui n'est composé que par la révolte : forme de négation et de destruction. Cette nouvelle démarche donne alors un congé définitif à la stérilité politique de la révolte pour s'inscrire dans une dimension d'espérance.

---

6. A. Badiou,op.cit, p. 40.

Mais toute la question est de savoir si une telle solution relève encore de la révolte proprement dite ou si, à la révolte engagée vivant la dure épreuve du déchirement de ses espérances dans les contradictions historiques, s'est substituée une nouvelle conscience. Cela signifie que cette conscience qui désormais l'anime doit entrer en convergence avec d'autres manières d'agir et avec d'autres manières de se révolter. A cet égard, le moment le plus significatif de cette mutation est sans doute sa rupture avec son confinement territorial. En effet, ce n'est que lorsqu'elle se déplace de la périphérie vers le centre (des quartiers périphériques vers les centres-villes, villes périphériques vers des villes centrales ou de la province vers la capitale), un lieu où elle pourrait être plus attractive, que la révolte se charge d'autres valeurs : plus universelles, donc plus révolutionnaires. Et ce n'est sans doute point un hasard si la révolte (des régions centrales en Tunisie) a pris définitivement la forme révolutionnaire lorsqu'elle s'est installée symboliquement et durablement au centre de Tunis (avenue Habib Bourguiba). Ici, nous trouvons la raison ultime de l'émancipation moderne. C'est dans son être même, dans et par son élargissement, dans sa nouvelle forme d'expression, peut-on dire, que la révolte va drainer de nouvelles figures, de nouveaux soutiens. C'est par l'entrée en scène d'autres catégories sociales, plus éloignées par l'âge, l'appartenance sociale ou le genre de leur noyau constitutif, que le repli hors de l'histoire cesse[7]. Le retournement est complet. Il ne s'agit plus d'ébranler directement un système par la rébellion, mais de le faire écrouler en révélant ses soubassements, en mettant à nu ses déficiences politiques, juridiques et sociales.

---

7. A. Badiou,op.cit, p. 41.

Mais qu'est-ce donc, dans ces conditions, qu'une révolution ? Dans son essence, c'est un soulèvement : un soulèvement qui cherche à rompre avec un ordre ancien. Et c'est précisément parce qu'elle veut être un mouvement d'émancipation et de libération que la révolution se présente souvent comme une doctrine d'immanence. Derrière tout ce qu'elle veut détruire pour s'affirmer intégralement, la révolution stigmatise le pouvoir et ses détenteurs, et c'est à eux qu'elle doit s'attaquer si elle veut être. Celui incarné par un Ben Ali, dont les Tunisiens découvrent chaque jour l'ampleur non seulement de sa dictature, mais également la perversion de son système. Le peuple a donc voulu mettre un terme à cette aberration historique. Une souveraineté populaire est née. Elle se fonde sur la mise à mort d'un régime *prédateur*. Et en tuant symboliquement ce souverain prédateur une nation renaît. Une nation entendue comme point d'ancrage dans l'universel[8].

Cependant, une telle rénovation n'aura de sens que si on la situe clairement dans un monde conçu comme champ des *praxis* humaines et soumis à la pression conjuguée des luttes libératrices déstructurant l'univers répressif, produit par le processus totalitaire. A l'encontre d'une telle société mécanique s'affirme une conscience révolutionnaire qui cherche, par tous les moyens, à produire une nouveauté, une différence, une autre logique politique, qui rendent aux groupes sociaux et au peuple, dans son ensemble, leur dynamisme moteur dans la vie collective. Cette nouvelle donne révolutionnaire formerait alors la sémantique de l'action politique (préfiguration), le mouvement lui donnerait sa

---

8. A. Garapon, « La Tunisie : le temps de la fondation », *Esprit,* juin 2011.

forme dialectique performante en la finalisant (configuration) et la lutte la traduirait dans l'espace public pour la modifier ou l'enrichir (refiguration)[9]. Ainsi, le pouvoir cesse d'avoir la valeur absolue dans ses formes politico-sociales actuelles. Sa valeur est relative au progrès de la liberté dans la destinée collective. Il n'est désormais qu'un moyen au service du développement social de la liberté, c'est-à-dire de la culture démocratique. Et le point sensible de cette fonction de la puissance publique est dans sa politique éducative et sa conformité au progrès social.

De ce point de vue, la révolution tunisienne renouvelle l'idée même de révolution. Elle lui donne d'abord une nouvelle jeunesse. A combien d'années en arrière faut-il remonter pour voir un peuple vaincre un régime conçu pour durer ? A trente-deux ans, quand le régime du Shah d'Iran s'est écroulé devant la puissance de son peuple. Ensuite, elle rompt avec le modèle marxiste de la révolution. C'est un mouvement issu de la révolte des régions intérieures, sans discours idéologique à l'appui, mais qui veut mettre un terme à une *fatigue existentielle*. Tout a commencé au nom de la dignité, avant de se traduire par des passions égalitaires et libertaires. Ce sont ces passions que François Furet[10] mettait en avant dans sa lecture des configurations révolutionnaires qu'il faut mentionner avant tout autre fait. Ces passions libèrent, en effet, une dissidence révolutionnaire de ses déterminants sociaux ou générationnels, pour la doter d'une dimension intergénérationnelle et transclasse, touchant la société dans sa totalité. Enfin, c'est une révolution

9. P. Ricoeur, *Temps et récit*, t1, Seuil, 1983.

10. F. Furet, *La Révolution française*, Hachette Littératures, coll. « Pluriel », 1999.

presque spontanée. Elle n'est point porteuse elle-même d'une alternative au pouvoir qu'elle a cherché à démanteler. Elle se place dans le temps d'une histoire prise en charge, assumée et tournée résolument vers l'avenir. On comprend alors l'absence pendant le temps de la révolution des forces orientées vers un passé idéalisé, celui du temps d'avant. Des mouvements qui visent à faire rentrer dans une histoire irréversible, une société plongée dans une histoire répétitive. Pour eux, tout mouvement vers l'avant doit être interprété comme une accélération du retour aux origines et la nouveauté doit être réintégrée dans la tradition, détournée de son fondement[11].

Toutefois, si ce prisme religieux était absent le temps de la révolution, cela ne signifie point sa totale disparition. Comme si les Tunisiens avaient voulu laisser en suspens l'hypothèse islamiste. Comme si l'accouchement révolutionnaire devait s'accompagner d'un processus d'émancipation des religions, des communautés, des ethnies, bref des *assabyas*[12] de tout ordre. Mais, les dernières élections ont démontré clairement, que la sortie progressive de la religion ne veut pas dire que la société tunisienne a rompu avec les croyances et s'installe naturellement dans *l'âge laïque*. Le devenir politico-religieux de la société se dessinera probablement dans un régime démocratique qui cherchera certainement à trouver un équilibre entre l'Islam et les acquis laïcs de la République.

Etrange destin, celui de cette vérité ! Pour comprendre son enjeu, il faut retourner (encore) à la source de cette révolution. La scène révolutionnaire tunisienne présente alors une diversité de lectures qui se bornent mutuellement. Celle des islamistes n'est que l'une d'entre elles. Et, avec toutes les

11. Voir J. Sayah, *Au cœur de la tragédie Arabe : la crise du constitutionnalisme*, Editions Phénoména, 2009.
12. Voir sur ce point J. Sayah, *Philosophie politique de l'Islam, la théorie de l'Etat chez Ibn Khaldoun*, Altelier de l'Archer-PUF, 2000.

autres, on baigne dans ce qu'on peut appeler la *modernité*. « L'une cherche sa voie en savourant les retrouvailles avec l'histoire non sans un certain effroi, tandis que l'autre profite de la vacance laissée par un pouvoir médiocre et oppressif pour réoccuper l'espace public, voire le saturer d'un contenu religieux et austère »[13]. La révolution se découvre binaire. En Tunisie, se déroulent alors une *révolution* et une *restauration*. L'unité du peuple révolutionnaire n'était qu'une fiction. Mais cette fiction justifiait l'absence d'un leader politique affirmé, d'une part, et l'absence d'un projet politique alternatif, d'autre part. *Ben Ali dégage* ne faisait pas projet. On a confondu pouvoir du peuple et libertés du peuple[14]. Ce peuple voulait être libre, mais il n'était pas suffisamment organisé pour concéder sa volonté à un porteur unique de son projet d'émancipation. Résultat, une mosaïque de porteurs (de projet révolutionnaire) a émergé. Il y a eu alors une différenciation accrue de la fonction révolutionnaire. Deux révolutions en une.

Celle qui veut greffer une ancienne idéologie au processus révolutionnaire déjà engagé. Ainsi instaurée, cette greffe devient génératrice d'un nouveau dynamisme politique autour de la confrontation avec l'idéologie dominante, en lui contestant la légitimité de sa posture de locomotive de la révolution. C'est la stratégie de la frange islamiste qui, sous une forme dégénérée du progrès (celle qui conduit aux sociétés traditionalistes et aux sectes religieuses), cherche à transformer le processus révolutionnaire en *mouvement originel*. D'où le discours sur le 6ème calife[15]. Dans ce

13. A. Grapon, op.cit, p. 88.

14. Montesquieu, *Esprit des Lois*, Livre XI, chap.II, Flammarion, 1993.

15. Déclaration de l'actuel Premier ministre tunisien lors d'un discours prononcé devant ses partisans en novembre 2011.

messianisme révolutionnaire, on retrouvera donc des configurations de stabilisation selon trois modes principaux : adaptabilité, transgression ou inversion (plus ou moins associées) et relativisme (culturel). Une telle formule a au moins deux mérites.

Le premier est de placer aujourd'hui la société tunisienne à égale distance de plusieurs siècles qui l'ont précédé et de l'obliger à choisir le modèle sociétal qui lui conviendra le mieux. Le second est d'accepter une mise en situation historique, certainement pas sous forme d'échelle de modèle de modernisation ou d'étapes de croissance, mais sous forme de recherche de modes d'intervention de la société sur elle-même qui peuvent appeler à une nouvelle définition des rapports avec la modernité et la liberté. Concevoir une nouvelle situation historique, un nouveau type de société où la modernité soit définie non pas par un principe unique totalisateur (la destruction du passé), mais au contraire par des nouvelles tensions entre la rationalisation et la subjectivisation. Tout cela correspond peut-être à un progrès au sens d'une compréhension plus complexe des exigences des acquis de la révolution, qui ne doivent plus être réduits à un catalogue de slogans. La révolution suppose aussi la prise en compte des passions et des intérêts contradictoires.

C'est en ce sens que nous pensons que la révolution en Tunisie n'est point achevée. Elle demeure fondamentalement en processus. Contrairement à la révolution iranienne qui a été terminale (République islamique), la tunisienne est inaugurale[16]. Tout est encore à inventer et à construire. Elle a ouvert (dans le monde arabe) une

16. A. Badiou, op.cit.

séquence historique en laissant indécis le contenu de sa propre évolution. Cette médiation du temps ouvre en effet une période qui vient s'intercaler entre le temps de la révolution et la révolution terminale. C'est un temps signifié qui laisse aux acteurs tout le loisir de lui modeler un contenu. Cette médiation temporelle, que nous qualifions avec A. Badiou de période *intervallaire*[17], constitue l'autre caractéristique de la révolution tunisienne.

Qu'est-ce alors qu'une période intervallaire ? C'est un laps de temps à géométrie variable pendant lequel le processus a suffisamment avancé, en dépit des forces contraires, pour que l'œuvre révolutionnaire soit perçue comme une alternative sérieuse à l'ordre ancien. Il résulte d'une situation révolue, d'une modification au gré de laquelle des nouveautés se réalisent et une nouvelle conscience s'éveille. Sa révélation, massive et stable, constitue le début de la mise en forme de l'œuvre révolutionnaire. Son régime n'est-il pas celui qui combine réalisation et incertitude ? C'est le temps de tous les espoirs et de toutes les frustrations. C'est au cours de cette période que les forces contraires peuvent abuser la vigilance révolutionnaire pour alimenter la contre-révolution. Dès lors, le peuple de la révolution n'a plus le choix, sauf à renoncer à être ce qu'il prétend. Il doit continuer l'édification de l'ouvrage, témoignant ainsi sa fidélité à l'évènement. C'est le moment de transformation, il est de loin le plus pénible. Il requiert une attention particulière, parce que révolution devient organisation d'une société plus ouverte, plus libre, modèle mobilisateur et contraignant. De là la place centrale qu'occupe aussi bien dans la pensée juridique que dans la pensée politique les Lumières de l'œuvre révolutionnaire.

17. Ibid, p. 34.

2. Les lumières de la Révolutions

Les fondations principielles se forment dans le contexte révolutionnaire, en référence à une conception nouvelle du temps impliquant sa réorientation vers le futur et une valorisation du changement comme tel. Il faut attendre un début de réalisation de l'œuvre révolutionnaire pour que les leçons du passé soient disqualifiées et remplacées par la prévision supposée rationnelle. Inauguralement, c'est dans l'élément d'une temporalité profane que s'opère le basculement du temps vers un avenir, dont on postule qu'il ne peut qu'être meilleur que le passé et le présent. Le postulat de la suprématie du futur sur le passé est le fondement de l'idéologie révolutionnaire qui s'élabore en marchant, donnant lieu à un nouveau sens à l'espérance.

C'est par là que s'opère une rupture décisive avec les principes de l'ancien régime. Elle implique la différenciation croissante des divers secteurs de la vie sociale, politique, économique, vie familiale... Elle cherche à remplacer l'arbitraire de l'ordre ancien par l'affirmation de nouveaux principes qui auront comme fonction principale d'ériger une nouvelle doctrine, comme le faisait l'idée de création. Ce temps offre en effet une floraison prodigieuse d'affirmations idéologiques. Jamais, en Tunisie, on a autant écrit sur la chose publique, tant déclamé, tant théorisé, tant argumenté. Car la logique d'une époque révolutionnaire n'est pas uniquement dans les faits, elle est surtout dans les idées. Que la révolution impose son langage, travaille pour l'émancipation et non pour le pouvoir, le sort des droits et des libertés durant le bouleversement en offre la preuve frappante. Jamais on a proclamé de façon plus éclatante et sans doute plus intelligible l'intention de reconnaître aux Tunisiens des droits sacrés. C'est la grande avancée de cette révolution, c'est son titre de gloire.

Ces principes arrachés par les Tunisiens qui sont Liberté, Dignité, Egalité, ne viennent pas d'une pensée religieuse naturellement sensible aux inégalités de toutes sortes, mais des thèmes fondateurs de l'universel. A l'image des Lumières de la Révolution française qui ont dissipé les brumes du passé, d'abord sur les sommets de la société, puis sur des espaces de plus en plus larges, la Révolution tunisienne a voulu projeter l'espoir dans un futur collectif en espérant au moins que chaque individu devenant citoyen s'accomplisse dans le nouvel ordre des choses politiques, selon les idées qu'il se fait de lui-même et des autres. C'est ce processus que nous allons suivre jusque dans ses conséquences. Si l'on pouvait les résumer, on les ramènerait à trois grands principes fondateurs d'un nouveau modèle de société.

1 - A une époque fertile en contestations, interrogations de toutes sortes et doutes exprimés de divers côtés, qui traduisent sous des formes variées un certain effritement du consensus sur les valeurs d'une société, le principe de dignité a été la matrice du mouvement révolutionnaire en Tunisie. Le soulèvement a été mené contre la perversion de ce principe par la dictature. La dignité de l'homme singulier trouve son assise dans une anthropologie qui fait de l'être humain une personne, détentrice d'une valeur sacrée, inaliénable. La sous-culture dictatoriale narre l'individu pour mieux le neutraliser. Pourtant, les modes d'être et de penser, qui apparaissent dans ce type de société, récusent précisément cette figure citoyenne. La personne s'évapore dans un panthéisme diffus, le citoyen se noie dans des stratégies de manipulation. En ce sens, la dictature, eu égard à sa nature même, ne pourrait échapper à ses démons pour restaurer la dignité de chacun dans sa légitimité politique.

Le noeud de la contestation a reposé sur cette question. Les révoltés se sont accrochés à la certitude de la dignité personnelle comme un naufragé à sa barque renversée, parce que toutes les autres composantes inhérentes à leur être ont disparu ou ont fini par disparaître. Mais le postulat de la dignité peut-il se maintenir sans l'instrument contestataire qui le porte ? Ce postulat qui est le pivot de la pensée des droits de l'homme, n'est pas une croyance isolée et insulaire, un concept qui pourrait flotter seul dans l'atmosphère et se nourrir uniquement de la contestation. Il trouve sa légitimité dans une architecture de sens. La dignité de l'homme comme personne incomparable et insubstituable est un postulat de l'éthique et non une donnée de la politique. Toute l'histoire de la Tunisie démontre sa fragilité. Il suffit pour en affaiblir la défense, que s'effondre un pan de la structure immense dont elle est le cœur. La dignité requiert l'existence d'un sujet doté de conscience et de responsabilité, témoin de ses actes. Elle suppose un modèle politique respectueux des droits et des libertés. C'est en anéantissant ce système que la dictature l'avait pulvérisée.

Aujourd'hui, nos yeux ne sont pas pour autant dessillés. Au lieu de restaurer les fondations du postulat de la dignité de chaque Tunisien, nous brandissons un discours des droits de l'homme incantatoire et décalé. Ce discours lui-même est une rhétorique révolutionnaire. Situation inconséquente, derrière laquelle s'ouvrent les risques des violations à venir. Pour éloigner de nous les totalitarismes, il ne suffit pas de les révoquer, il faut les remplacer. La question de l'espoir cesse alors d'être une abstraction théorique[18]. La dignité qui a fait irruption dans le débat public avec la révolution, est devenue une valeur transcendantale. Que devons-nous faire pour assurer sa sauvegarde ? Il faut lui donner un contenu formel et politique pour que cesse la négation de l'humanité de nos contemporains.

2 - Pendant et même après la révolution, le mot d'ordre *plus de libertés* a dominé les esprits d'une façon générale. Mais précisément pour cette raison, ce mot d'ordre, comme tout mot d'ordre, a un caractère éphémère où il peut perdre son contenu précis. Cette notion, dont on a abusé plus que d'aucune autre notion politique, prend les sens les plus divers, souvent très contradictoires. De toutes les réalités politiques, en effet, elle est celle qui a gardé le contact le plus étroit avec la chaude intériorité du processus révolutionnaire. Elle est entée sur la Révolution. De l'individu à la société, à la Nation et à l'Etat, elle est le médiateur nécessaire. Et c'est peut-être en analysant la Liberté que l'on peut mieux comprendre la notion « l'aspiration à la liberté. La soif qu'elle inspire, écrit François Terré, est toujours exaltante et son discours est plus porteur d'espoir que le silence et l'oppression »[19].

La liberté entre ainsi dans le monde de l'action (de l'agir). Elle accepte le rapport à l'être, sans jamais pouvoir s'y réduire. Elle s'insère dans les chaînes de causalité de la révolte contre l'oppression, elle s'aliène, en quelque sorte. Elle se fait force et s'identifie avec

18. S. Hessel, E. Morin, *Le chemin de l'espérance*, Fayard, 2011.
19. F. Terré, « Sur la notion de Libertés et Droits fondamentaux », in Ouvrage Coll. *Libertés et droits fondamentaux*, Dalloz, 2002, p. 3.

l'individu même, en son essence. Faire de la liberté un combat engage ainsi un combat pour la liberté. Et cette liberté c'est avant tout contre le pouvoir qu'elle est dirigée. L'ennemi, c'est le dictateur. Aux souvenirs de la répression, de la censure, de l'abus de pouvoir, se superposent ceux plus frais, de la torture et de la répression des manifestants. Héritière des Lumières, cette conception de la liberté entend non seulement sauvegarder les intérêts du plus grand nombre contre les abus de pouvoir, mais aussi renforcer le pouvoir du peuple afin qu'il soit en mesure de réformer la société conformément aux exigences révolutionnaires.

Dès lors, la liberté *révolutionnaire* ne joue pas avec l'irrationnel, l'absurde, le non-être. Elle acquiert sens et essence. Dans ce contexte, accomplir la liberté, c'est s'accomplir dans sa nécessité profonde et impérieuse. Etre libre, c'est coïncider sa propre liberté avec celles des autres. C'est intégrer un projet collectif de libération. « En prenant la Bastille, la liberté, c'est de pouvoir aller et venir, de n'être pas arbitrairement enfermé, d'avoir un domicile inviolable, de participer aux élections, bref d'avoir liberté de conscience, d'opinion et d'expression. »[20] Mais lutter ne veut pas dire sortir de l'harmonie et entrer en guerre contre l'Autre. La liberté peut lutter et être sérénité. Cela signifie qu'elle doit être conçue en tant que moyen au service du Droit. Résultat, cette liberté anime ce qu'on appelle la dialectique de la démocratie.

Rendue explicite par le Révolution, cette liberté-démocratie se traduit par une exigence d'autonomie collective qui s'exprime en particulier, sur le plan de la

20. F. Terré, op.cit, p. 3.

réflexion juridique, dans le principe de souveraineté du peuple. Ainsi, l'exigence d'une liberté collective s'exprime par la mise en place *d'un gouvernement par le peuple*. Un régime de libertés serait alors un système politico-juridique dans lequel le peuple a le droit de participer et prend effectivement part à l'élaboration des décisions politiques importantes. Cette démocratie à construire impliquerait en principe le droit, pour tous les individus, d'être libre et de prendre part au gouvernement de la chose publique. Ce droit résulterait, non seulement de l'idée d'égalité intrinsèque des individus, mais aussi d'une présomption d'autonomie selon laquelle chacun serait en principe meilleur juge de ses intérêts[21].

Dans cette hypothèse, la liberté collective apparaît comme corollaire de la conviction (révolutionnaire) selon laquelle l'ordre social ne peut plus être imposé par la tyrannie, revêtant pour le peuple une figure d'une extériorité absolue. Il apparaît désormais comme la seule source possible des règles qui régiront la vie collective. Cette idée requiert du législateur qu'il édicte des lois telles qu'il soit possible de les considérer comme l'expression de la volonté générale unifiée du peuple, chaque citoyen ayant pris part à la formation de cette volonté. La liberté des citoyens consisterait donc à n'obéir qu'aux lois auxquelles ils ont pu donner leur assentiment. De ce point de vue, la Révolution tunisienne se rapproche encore un peu plus de la Révolution française.

Toutefois, la garantie de cette liberté collective qui est ainsi requise ne saurait s'affirmer au détriment des droits fondamentaux. La Révolution en Tunisie recouvre également une telle revendication. Ces droits,

---

21. M. Gauchet, *La Révolution des droits de l'homme*, Seuil, 1989.

visant à sauvegarder la liberté personnelle des citoyens, assurent à chacun d'entre eux une certaine indépendance à l'encontre des contraintes qui pourraient émaner d'autrui ou des autorités publiques. Du point de vue de la démocratie, cette liberté est le seul élément de la conception négative qui pourrait être conservée[22]. Mais, pour le reste, ainsi que le révèle leur contenu essentiel, ces droits ne sauraient être considérés comme des sphères de liberté subjective soustraites à l'autonomie collective et permettent aux individus et aux groupes de poursuivre la satisfaction de leur désir tout entier, et en particulier de leurs droits économiques et sociaux. Ces droits constituent une condition de l'autonomie collective, tandis que les modalités spécifiques de leur contenu et de leur mise en œuvre doivent à leur tour être déterminées par les décisions politiques[23].

3 - L'égalité est un principe fondamental. On comprend dès lors que le troisième terme de la devise révolutionnaire exprime bien l'essence du mouvement démocratique. Celui-ci est en son fond un message de solidarité et de fraternité. C'est là toute sa grandeur, et elle ne lui sera pas enlevée. Inscrit dans tous les textes relatifs aux droits fondamentaux : mais loin s'en faut que tous les textes et toutes les pratiques lui donnent le même sens. Comment s'en étonner ? Au cours de l'histoire, ce principe a été au centre des évolutions que les sociétés, notamment occidentales, ont connu. C'est en son nom que la différenciation entre des sociétés modernes et celles qui ne le sont pas s'effectue. Aussi, le

---

22. B. Constant, *De la liberté des anciens comparée à celle des modernes, Ecrits politiques*, Gallimard, 1980.
23. G. Vedel, « Les principes économiques et sociaux de la Constitution de 1946 : le préambule… », in *Pages de doctrine*, LGDJ, 1980, p. 93.

plus difficile problème est-il celui du sens et de la signification de l'égalité. Ce que veulent les Tunisiens à travers leur Révolution c'est être libres et égaux. Dès lors, il convient de se demander quelle est la nature de la relation à l'Autre dans cette nouvelle société à construire. Cette relation est la pleine réalisation de la subjectivité qui ne s'achève que par la totale reconnaissance de soi dans l'Autre. L'égalité en quelque sorte ne peut s'atteindre comme paradigme que par la détermination objective des conditions créant un traitement égalitaire. La vie sociale n'est donc pas une limitation, mais un contexte de réalisation de l'égalité.[24] Celle-ci ne pourrait demeurer individuelle et intérieure ; elle implique reconnaissance de l'homme par l'homme. Toutefois en Tunisie, pour que cette reconnaissance soit conforme à la modernité, il faut qu'elle soit égalitaire (entre homme et femme). On pourrait même définir l'égalité comme la réalité supérieure que fait naître une relation égalitaire à la femme. On peut donc parler d'un traitement égalitaire. Ainsi, la non discrimination (entre genre) devient la première incarnation des droits humains. Ce qui signifie que le regard que porte l'homme sur son semblable est un acte essentiel dans la relation en tant qu'elle enveloppe et pose la vérité des déterminations subjectives. C'est l'expression du *lien social* devenu principe juridique. La non discrimination est donc à la fois *obligation normative* et *état d'esprit*. L'individu devient en même temps pourvoyeur d'égalité et producteur de discrimination.

Ainsi, le principe d'égalité est l'un des premiers principes juridiques que doit comporter un Etat de droit. A sa base, il y a l'acte par lequel, transcendant toutes

---

24. Tocqueville, *De la démocratie en Amérique*, (Biographie, préfacé par F. Furet), Paris, 1981, t, 1.

les différenciations : ethnique, religieuse, culturelle, genre…, les individus doivent se trouver sur le même pied d'égalité. Le traitement inégalitaire n'exprime qu'une illégalité juridique et une pathologie sociale. Bref, il n'est qu'une situation qui doit être vite dépassée ; la fin poursuivie par la Révolution est l'égalité entre les êtres. Dans ce mouvement de reconnaissance mutuelle, les particularismes disparaissent pour donner naissance à une réalité juridique nouvelle résultant de l'obligation de ne pas discriminer et qui va constituer la substance la plus intime de la relation humaine. Cette réalité est proprement l'essence du lien social conçu en tant qu'espace normatif. Son caractère coercitif représente moins le but de son instauration que l'objectivation de sa valeur, non la fin recherchée, mais l'épanouissement de la relation à l'Autre. Le traitement égalitaire permet à l'homme de prendre, sous la forme de l'autre, conscience de sa dignité[25]. La dignité de la personne humaine est à la réalité de l'égalité ce que l'acte est à la vérité de l'intention. Ainsi, le principe d'égalité devrait être tout autre chose qu'une reconnaissance formelle : c'est une réalité substantielle, une obligation normative et une manière d'agir. L'erreur du positivisme est d'appréhender l'égalité uniquement dans sa dimension formelle. Celle-ci est certes nécessaire, mais insuffisante pour rendre le principe universel dans sa confrontation au réel. La reconnaissance uniquement légale du principe montre qu'elle est insuffisante et n'exprime point la totalité du principe.

La revendication populaire veut alors renverser le rapport entre le principe et sa mise en œuvre. Au lieu de faire de la reconnaissance juridique du principe

25. G. Burdeau, *Traité de science politique*, tV : *Les régimes politiques*, LGDJ, 1985.

(d'égalité) la suprême réalité, il faut partir de sa mise en œuvre pour apprécier son effectivité. Dès lors, c'est par sa confrontation au réel que le principe parvient à son épanouissement. Le principe d'égalité, qui repose sur la vie commune, ne saurait être conçu en dehors du réel. Cela implique essentiellement qu'aux yeux des individus, membres de la société démocratique, il ne doit subsister entre eux aucune forme de discrimination, qui soit non seulement reconnue par le droit, mais surtout tolérée par la pratique. Cette égalité réelle implique le rejet de toute représentation au sein de la société conçue comme porteuse de hiérarchie discriminatoire. C'est ce caractère premier et essentiel, proprement radical du nouveau rapport du Tunisien au Tunisien, qui permet à la société de se débarrasser de toutes les formes d'inégalité. Mais pour pouvoir établir cette égalité réelle, il faut introduire des différenciations légales. Il en vient tout naturellement à penser que le dépassement du formel exige la reconnaissance de la discrimination comme résultante du réel. Ainsi ne peut-on appréhender l'égalité en elle-même que par le prisme de sa différenciation : c'est *l'équité*. Sans doute, l'organisation se répercute-t-elle en elle et le principe d'égalité devient-il réel. Mais malgré ses apparentes contradictions ou plutôt à travers elles, l'équité réalise peu à peu l'égalité sociale avec primauté des éléments personnels.

C'est par là que se prépare une véritable promotion de la différenciation (territoriale, régionale, économique...) comme seul moyen d'atteindre l'égalité vraie. Quand elle aura abouti, cette égalité enfantera un lien social dépourvu de toute discrimination. Car, selon les défenseurs de cette conception, l'égalité légale dissout l'égalité. Elle ne fait que donner l'illusion d'une société égalitaire. Il serait hypocrite, et même vain, d'exiger d'elle la réalisation d'une véritable égalité. Seul le réel, consécutif à la prise en considération des faits générant les discriminations, peut définitivement libérer l'égalité de ses limites : la lutte contre les inégalités ne peut être supprimée tant que subsiste la distinction entre le légal et le réel. Mais une fois le rapprochement entre ces deux catégories d'égalité effectué, il y aura une nouvelle prise de conscience qui aboutira à une forme d'égalité *supérieure*. Dans une société, par-delà la situation sociale des individus et de leur origine (ethnique, religieuse, culturelle, genre…), la pleine reconnaissance de l'égalité globale supprimera naturellement les inégalités qui peuplent les rapports sociaux. Pour ce faire, la promotion de l'égalité sera mise sur agenda pour se transformer en objet de politique publique. La boucle est alors bouclée. Le politique pénètre l'espace relationnel privé pour promouvoir *l'égalité des chances*. En ce sens, l'Etat doit se donner les moyens de connaître qui est discriminé, en quelle proportion, que ce soit en fonction du sexe, de l'âge ou de l'origine sociale. Ce qui signifie que c'est l'Etat qui doit créer les conditions objectives pour imposer l'égalité à tous les niveaux de la société.

Chapitre 2

La Révolution et son droit

CHAPITRE II
La Révolution et son droit

Le mouvement révolutionnaire est l'expression d'une instabilité extrême. C'est l'accélération d'une certaine manière du temps historique. « L'histoire des périodes révolutionnaires, en accélérant les passages de niveau à niveau, de mode à mode, pourrait n'être que l'intensification d'une procédure banale, une mise à feu de la normalité. »[1] Mais quelles sont les conditions de la mise à feu ? On connaît, à ce sujet, les oppositions classiques entre les théoriciens marxistes et non marxistes, donnant respectivement un poids fondamental soit aux tensions, aux antagonismes et aux contradictions propres à l'ordre juridique, soit aux événements socio-économiques et à la conjoncture néfaste qui en résulte. Tantôt sont évoqués les conflits de classe parvenus à un degré d'accentuation tel qu'ils nécessitent l'irruption révolutionnaire, tantôt sont évoqués l'oppression et l'arbitraire juridique aux effets plus au moins interdépendants. Nietzsche, qui en fut l'idéologue, a trouvé l'expression pour désigner cette situation : « le droit est la volonté d'éterniser un rapport de forces donné. » La forme technique de ce droit fut d'ailleurs enseignée par Machiavel. Et les fascistes et

1. J. Berque, *L'orient second*, Gallimard, 1970, p. 5.

tous les dictateurs d'une certaine manière encore plus affirmative que chez Nietzsche, déduisirent le droit positif, en vigueur, quel qu'il fût, de la force d'oppression et de rien d'autre. Dans ses écrits, Carl Schmitt dévoila pleinement le caractère *de force vide* de la plupart des droits positifs en montrant la capacité des dictatures à en faire cyniquement usage[2]. Le droit est le point d'origine et le pivot de tout. Et en bonne logique c'est le dictateur, qui, dans « cet espace vide de droit » (qui est naturellement le sien), est désigné comme lieu le plus nu, méthodiquement le plus favorable au renforcement de la tyrannie : « L'exception, écrivait C. Schmitt, est plus intéressante que le cas normal (…). Dans l'exception la force de la vie réelle transperce la croûte d'une mécanique figée dans la répétition. »[3]

Il est superflu de dire que cette *démythification* conformément à sa mission, culmina, entre autre en Tunisie, dans l'ambiguïté la plus monstrueuse avec la bête comme « seigneur et justicier suprême du peuple tunisien. » Si la rouerie sanglante de Schmitt et de ses adeptes a détruit le fétiche libéral du droit, c'est uniquement pour donner libre cours à la farce fasciste sadiquement attirante, paralysante comme une méduse. La série de réformes constitutionnelles (pour permettre au dictateur de poursuivre légalement sa dictature) en Tunisie fut la caricature la plus rouée du positivisme juridique dans ce pays. Et l'on voit à quoi elle peut aboutir. Il fit parvenir à la dictature et à ceux qui détenaient le pouvoir de poser le droit au même moment qu'il l'ornait et le dissimulait à ceux qui étaient en bas grâce au sylphe de Ben Ali.

---

2. C. Schmitt, *Théologie politique*, Gallimard, 1988.
3. Ibid, p. 22.

A la révolution politique et socio-économique, douloureuse, succède souvent une révolution normative qui en constitue le prolongement général dans la mesure où la nécessité de liquider, d'effacer les vestiges juridiques de l'ordre ancien de la mémoire sociale, est une nécessité. Si une telle révolution peut être entreprise avant la révolution sociale, ou parfois politique, elle s'avère indispensable en général après un moment de délégitimation. L'ensemble des institutions antérieures, ainsi que leur production normative à fonction idéologique, doivent être transformées. Mais le résultat n'est pas toujours radical. On peut maintenir des anciennes institutions pour gérer le quotidien et en créer d'autres pour produire et fabriquer un nouvel ordre juridique plus conforme à la nouvelle donne révolutionnaire.

S'ouvre alors une période (que nous qualifions) de *plasticité normative*. C'est le moment où l'ancien ordre est déjà largement entamé si ce n'est aboli, mais l'ordre nouveau n'est pas encore établi. Le présent est libéré du passé mais l'avenir est, lui aussi, libre par rapport au présent. C'est à cet instant que la révolution va réaliser une « révolution dans la révolution »[4].

1 - A la fabrique du Droit

Une révolution instaurée en régime institutionnel, est-elle toujours la Révolution ? L'histoire jusqu'à présent ne présente que des révolutions temporaires. Faut-il conclure aussitôt avec Merleau-Ponty : « Que toutes les révolutions connues dégénèrent, ce n'est pas là un hasard : c'est qu'elles ne peuvent jamais, comme régime institué, être ce qu'elles étaient comme mouvement, et que, justement, parce qu'il a réussi et a abouti

4. Michelet, *Histoire de la Révolution française*, La Pléiade, p.21.

à l'institution, le mouvement historique n'est plus lui-même, c'est qu'il se *trahit* et se *défigure* en se faisant. Les révolutions sont vraies comme mouvements, et fausses comme régimes. »[5] En fait, on peut reconnaître à travers l'institutionnalisation des expressions mêmes, des limites que se donne la révolution. D'où la critique radicale du concept même de révolution, par les théories de la révolution permanente, qui lui oppose le régime de l'insurrection perpétuelle.

En Tunisie, on a fait le choix de la plasticité normative. Trois commissions ont été instituées, non seulement pour donner corps à l'oeuvre révolutionnaire, mais surtout pour accompagner le processus jusqu'à son aboutissement. La première commission a été instituée pour établir la réalité et l'étendue des actes de corruption. La seconde a été mise en place pour superviser le processus électoral et organiser effectivement les élections. Ce qui a été réalisé le 23 octobre. La mission de la troisième a grandement évolué. Il s'agissait initialement d'un comité d'experts chargé d'apporter un éclairage technique pour réviser la Constitution et tous les textes liberticides. Mais en janvier cette structure a subi une mutation substantielle. D'une simple commission de réforme juridique, elle s'est transformée en une véritable instance politique. Ouverte à toutes les sensibilités politiques et à la société civile (composée de 155 membres), cette assemblée a fait œuvre de fabrique de Droit. C'est elle qui a donné à la révolution son assise juridique. « Ces trois commissions, écrit A. Garapon, sont des institutions dans un pays sans institutions, qui recueillent tout le moins la confiance des citoyens. Elles

5. M. Merleau-Ponty, *Les aventures de la dialectique*, Gallimard, 1955, 279

se répartissent le traitement du passé, celui du présent et celui de l'avenir. »[6]

Ainsi, le pouvoir politique n'est plus alors intégré à l'ordre des valeurs étatiques et, encore moins, soumis à lui. Il s'en est séparé. Il a pris la forme d'une figure révolutionnaire. On peut se demander si une telle conception politique ne consiste pas tout simplement « à faire sortir le droit du fait »[7], à légitimer après coup les structures du pouvoir révolutionnaire sous la forme de grands principes du Droit. En effet, à travers ces institutions (révolutionnaires), c'est un nouvel espace de production normative qui se constitue, où un *Nous*, une *communauté nationale* cherche à se doter d'un nouvel ordre juridique. Le gain juridique va se découvrir progressivement au point de convergence, vers un surgissement : celui d'un Droit comme une exigence de l'Etat de droit. Le pouvoir cesse alors d'être simplement un instrument de domination pour devenir un signe d'une volonté collective en quête constante de légitimité, dans une société où la parole s'est libérée et où les normes d'action atteignent un haut degré de vigilance.

Dans cette perspective, la production normative devient l'expression d'une action commune pour un dépassement de la situation antérieure. Elle rend aux institutions leur dignité et aux Tunisiens leur futur, c'est-à-dire la possibilité d'envisager une destinée commune et la création d'un contexte nouveau répondant à un désir collectif. « Une révolution, disait Merleau-Ponty, si elle est vraiment dans le sens de l'histoire, peut être

6. A. Garapon, op.cit, p. 84.

7. C. Castoriadis, Individu, rationalité, histoire, *Esprit*, 1988, p. 90.

pensée en même temps que vécue. »[8] Sur cette base de mobilisation, s'élabore un projet de transformation, où se précise la figure politique de l'alternative recherchée. C'est à ce niveau de politisation que doit se théoriser la lutte pour créer une société plurielle, en dialectisant les moyens déterminés que proposent le mouvement et la fin indéterminable, transcendante, qui les justifie. L'épreuve normative du mouvement met en jeu son potentiel démocratique.

Le Droit qui se *produit* n'est alors qu'une expression déterminée d'aspirations collectives (de libertés, de dignité, d'émancipation...) et son contenu vise à réaliser ces aspirations à travers des normes qui vont transformer les revendications et les luttes en projet de société. Ainsi, les citoyens apparaissent comme les véritables porteurs du dynamisme de changement nourri de volonté collective. Ils cessent d'être *l'alibi* démocratique d'un dictateur pour devenir le vrai pourvoyeur de légitimité. Cette liberté tient lieu de libération. Le lien *filial* entre légalité et légitimité se trouve rompu ouvrant ainsi la porte à l'universel. Délivré, de ses obsessions légalistes, le Droit (de la révolution) peut enfin devenir l'assise d'un corps de règles que la société elle-même cherche à autonomiser de l'Etat.

Cette opération transformatrice doit, pour s'imposer, réaliser une opération complexe dans le champ de la fabrication du Droit, de manière à créer un nouveau système de légitimation morale qui lui permettra de faire valoir ses nouveaux choix. Il faut que l'analyse critique des réalités conduise à une opération synthétique de

---

8. M. Merleau-Ponty, *Phénoménologie de la perception*, Gallimard, 1945, p. 416.

l'ordre des structures normatives pour rendre la situation nouvelle acceptable. Ainsi, les exigences de validité universelle (égalité, liberté, pluralisme, justice, dignité…) servent à rendre possible l'adhésion du peuple. Cependant, un tel Droit ne peut provenir de l'appareil de l'Etat (soupçonné d'avoir été l'instrument de la dictature). Il suppose une mobilisation, sur la base d'une idéologie qui allie humanisme et pragmatisme.

Dans cette perspective, l'enjeu essentiel est de jeter les fondations d'un espace démocratique pour donner sa consistance même à la chose politique. Il s'agit en clair de conquérir l'habitude du débat citoyen. Cela passe nécessairement par l'installation d'une culture démocratique qui doit rappeler les valeurs premières de l'agora grecque (retour à la liberté remplissant l'espace public). Sans doute, est-ce une autre version du contrat social, mais celle-ci est fondée sur le respect de la parole qui instaure une manière autre de produire la norme juridique. Pour ce système, le totalitarisme apparaît comme l'institution du mensonge, de la perversion de la parole publique et, donc, comme impossibilité d'être, une mise à mort sociale.

Toutefois, pour qu'un tel processus aboutisse, il faudra que des figures se détachent de la collectivité pour devenir des schèmes concrets de la parole partagée[9], comme le Périclès de la Grèce classique, des éducateurs et des promoteurs du sens commun. Ces hommes *nouveaux* témoignent de la correspondance possible entre une figure singulière et le bien commun. Pour cette *élite du sens (révolutionnaire)*, aucune illusion ou utopie politique, mais

9. En Tunisie beaucoup de juristes ainsi que des défenseurs des Droits de l'homme ont joué ce rôle.

simplement la détermination de sauvegarder les institutions où s'exprime la parole publique dans sa patiente recherche des compromis et de la volonté générale du vivre ensemble. « Ce qui confère aux institutions et aux lois d'un pays, écrivait Hannah Arendt, c'est le soutien du peuple, lequel n'est quant à lui que la continuation de ce consensus originaire qui a appelé à la vie, lois et institutions… Toutes les institutions politiques sont des manifestations et des matérialisations de puissance ; elles se figent et s'écroulent aussitôt que la vivante puissance du peuple ne se tient plus derrière elles pour les soutenir. C'est ce que pensait Madison, lorsqu'il disait que tous les gouvernements reposent ultimement sur l'opinion. »[10]

Dès lors, la société post-révolutionnaire apparaît précisément comme le type de société qui, à la fois, présuppose et institue, en réponse à cette prise de conscience du caractère problématique des prétentions de légitimité. Ainsi l'on peut estimer avec Claude Lefort[11], que l'institution de la démocratie correspond à l'effacement des repères traditionnels de la certitude. Dans cette hypothèse, il nous semble que les conditions de possibilité d'une justification de la légitimité du droit doivent être recherchées dans un noyau de convictions qui se situe à l'intersection de la revendication du peuple, de l'éthique et de la politique, et qui s'expriment dans les principes fondamentaux dont dépend l'existence de la démocratie.

---

10. H. Arendt, *Condition de l'homme moderne*, Calmann-Levy, 1983, p. 87.
11. C ; Lefort, *Essais sur le politique : XIXe et XXe siècles*, Seuil, 1986.

Cette interprétation peut se justifier dans la mesure où nous concevons la société post-révolutionnaire et les institutions politiques correspondantes, comme le milieu où se joue la possibilité d'une conciliation légitime entre la volonté subjective des individus et les exigences d'une normativité *réformante*. Cette société politique forme le milieu institutionnel dans lequel doit s'opérer l'arbitrage légitime entre les attentes et la capacité de *faire*. L'une des conséquences de ce modèle consiste à concevoir la totalité de l'ordre juridique comme le lieu où s'abolit complètement l'opposition entre la légalité et la légitimité. Une autre conséquence de cette perspective consisterait également à ériger l'Etat en instance exclusivement réduite à l'exécution d'une norme dont il n'est plus le producteur. L'Etat se transforme, alors, en un instrument politico-administratif d'application des règles juridiques.

Ainsi donc, à travers ces institutions post-révolutionnaires, c'est un nouvel espace public qui se constitue, où un *Nous*, une communauté nationale, cherche à se donner un ordre juridique nouveau. Le contenu moderne de cet ordre se manifeste non seulement dans ses modes de production, mais surtout dans ses finalités. Un Droit qui cherche à donner sa cohésion à la vie collective. Que ce soit dans la rue, dans les cliniques, dans les écoles, dans les casernes ou dans les lieux de loisir, il existe un nouveau rapport à la norme juridique qui met en avant des exigences de l'Etat de droit. On avance vers des formes plus élaborées de consensus politique entre les différentes composantes qui organisent sectoriellement la société. Ce gain n'est pas à chercher du côté de l'individualité, considérant sa société pour soi, mais du côté de la collectivité, cherchant en son sein des dynamiques nouvelles. Le pouvoir ne peut donc plus être ravalé simplement au rang de l'oppression, mais il est désormais le signe d'une volonté collective en quête d'une société où les normes d'action atteignent un haut degré de représentativité.

2 - La Révolution du Droit

En 1989, Gremek, un des artisans de la chute de régime communiste en Pologne, disait des révolutions des pays de l'Est de l'Europe une phrase paradoxale : « notre révolution est acquise, notre démocratie est incertaine. »[12] De fait, ce n'est point la même chose que de renverser une dictature et de construire un nouvel ordre conforme aux aspirations d'un peuple qui s'est révolté pour la Liberté. Les révolutions (qui ont précédé) nous enseignent que le consensus contre la dictature est toujours éphémère. Il contenait une part de rêve : la renaissance sous *un jour meilleur*. Or on sait que l'on ne construit pas une nouvelle société comme on construit une maison à l'aide d'un architecte. Le champ politique ne se partage point à part égale. L'espace politique est un lieu d'affrontement des intérêts contradictoires où les ambitions et les convictions profondes battent en brèche la distribution planifiée des rôles. Pour réussir ce passage et en assurer la durée, les tentations de la *révolution permanente* doivent être canalisées par un nouveau pacte constitutionnel qui doit cultiver une autre conception du constitutionnalisme. Et cette dernière ne sera consolidée que si elle donne aux citoyens la certitude que le temps de la tyrannie est définitivement révolu.

Cela passe d'abord par le renforcement de la participation des citoyens à l'élaboration des lois et ins-

12. Journal *Libération*, 21 novembre, 2011.

titutions qui définissent leur avenir. La réalisation d'un tel objectif passe obligatoirement par l'instauration d'un idéal démocratique, qui découle nécessairement de la liberté d'opinion et de l'élection libre. Son objet est d'émanciper le peuple et de faire de lui le seul détenteur de la souveraineté. La chose publique devient alors une affaire de débat ouvert et l'Etat l'incarnation de l'intérêt général. La loi exprimerait la volonté du corps social dont elle devient le principe de conservation. Ainsi, elle serait par excellence *l'acte de souveraineté*, la déclaration solennelle de la volonté générale, une volonté inaliénable, indivisible, infaillible et absolue du souverain, qui n'est autre que le peuple unanime à tenir pour sienne la volonté exprimée par la majorité des suffrages. « La volonté nationale, disait Sieyès, n'a besoin que de sa réalité pour être toujours légale ». C'est cette réalité que les nouvelles réformes se doivent d'affirmer.

Ensuite, cela passe aussi par la réhabilitation du politique qui, dans le contexte tunisien, doit se traduire nécessairement par le désenclavement de l'Etat. En effet, avant d'être l'affaire de l'Etat, la politique est une pratique grâce à laquelle la société s'organise, structure ses forces, développe son action collective et publique. L'Etat ne fait que proposer un cadre approprié à la réalisation de cette pratique sociale, il garantit son unité et son efficacité. Cette appropriation du politique par la société est la condition de la décolonisation de l'espace public, économique et administratif, envahi encore en Tunisie, par des réseaux d'intérêts claniques et mafieux. Elle est aussi la condition de l'achèvement de la sécurité. La restructuration de l'espace public, la réorganisation des différentes formes de pouvoir, la redéfinition des nouvelles compétences et fonctions, sont le premier pas de la réforme politique. La domination de l'Etat par un seul parti qui, jusque là, était source de négation d'une pratique politique citoyenne en Tunisie, doit céder la place à un pluralisme réel et effectif, fondé sur des normes constitutionnelles claires. Cela implique non seulement des élections, mais des élections libres au cours desquelles toutes les tendances de l'opinion pourront affronter le suffrage des électeurs. C'est admettre du même coup *les droits* de l'opposition, c'est-à-dire introduire des mécanismes juridiques destinés à assurer l'ouverture du pouvoir. Dès lors, toutes les tendances peuvent avoir accès au débat et toutes doivent y être traitées avec des égards identiques. De ce postulat découle toute la raison d'être du Parlement qui incarnera ainsi les vœux du peuple dans sa diversité politique.

Cela passe enfin, par la garantie des droits fondamentaux qui est une manière d'affirmer définitivement l'attachement de l'Etat à la démocratie. Il n'est pas douteux que, dans le contexte tunisien comme ailleurs, point de démocratie sans séparation des pouvoirs. L'importance politico-juridique d'un tel principe est d'autant plus grande que la Tunisie sous la dictature de Ben Ali n'a jamais eu une différentiation claire entre les différentes catégories des fonctions étatiques. L'exercice du pouvoir a toujours été marqué par une prépondérance de l'exécutif et, au sein même de l'exécutif, le Président écrasait tout le reste. Cette personnification de la pratique politique a empêché le pays de se prémunir contre tyrannie. L'effacement du législatif et la servitude du pouvoir juridictionnel ont transformé, d'une part, le Parlement en une chambre d'enregistrement sans relief ni réel pouvoir, et d'autre part, les juges en un *instrument* au service de la dictature. Or, on le sait, depuis la

Déclaration française de 1798, que « toute société dans laquelle la séparation des pouvoirs n'est pas déterminée n'a point de constitution » (article 16). Autrement dit, la confusion des pouvoirs prive leur détenteur de toute légitimité politique et juridique. Car, une telle pratique est source d'abus et d'atteinte aux droits fondamentaux. Aussi, pour rétablir l'Etat de droit, il faut s'engager à donner à cette théorie un sens différent de celui que le régime de Ben Ali par sa pratique a donné.

Il faut alors réhabiliter la fonction législative en s'engageant à renoncer définitivement à la culture du *parti unique* et en affirmant l'attachement de l'Etat au pluralisme, puisque c'est par cette voie que le peuple, dans les démocraties, a pu faire admettre le principe de sa participation au pouvoir et qu'il a pu poser des règles restreignant la liberté d'action des gouvernants, afin d'imposer à son profit de, droits inaliénables, naturels et sacrés. Quant à la fonction juridictionnelle, il faut faire tout pour que la justice, instrument indispensable de l'Etat de droit, sorte définitivement de cette situation de soumission dans laquelle elle se trouve aujourd'hui en Tunisie. Cela suppose, en effet, la mise en place de règles constitutionnelles dont le respect garantira son indépendance et son autonomie.

Toutefois, les implications de l'Etat de droit ne peuvent se limiter aux structures formelles de la séparation des pouvoirs, elles touchent au contenu concret de la pratique politique. Dans tous les pays libéraux, le socle de l'Etat de droit est constitué d'un ensemble de droits fondamentaux, qui sont inscrits dans des textes de valeur juridique supérieure (textes constitutionnels et textes internationaux). Ainsi, ces droits bénéficient d'une consécration juridique explicite, en étant placés aux étages élevés de l'ordre juridique. Par le jeu de ce double processus de constitutionnalisation et d'internationalisation, on est en présence d'un bloc de droits fondamentaux, dotés d'une double reconnaissance, constitutionnelle et internationale, ainsi qu'une double protection, nationale et supranationale. De ce fait, il y a bien une différence entre l'Etat de droit et la conception traditionnelle de la démocratie. « L'Etat de droit permet de condenser et de fixer cette vision : doté d'une forte puissance évocatrice, il recouvre l'image d'un Etat qui se soumet à la loi, organise la société dans un cadre juridique, protège les droits de l'homme et valorise la société civile[13] ». La démocratie n'est plus synonyme de pouvoir sans partage des élus : elle suppose encore le respect du pluralisme, la participation plus directe des citoyens aux choix collectifs et la garantie des droits et des libertés par un juge constitutionnel indépendant. C'est cette vision, d'une démocratie de *substance* fondée sur le droit, et d'une démocratie politique impliquant le respect du pluralisme et de l'alternance au pouvoir, que nous devons défendre, afin de reconstruire notre République.

13. J. Chevallier, *L'État de droit,* Monchretien, 1992, p.73

Chapitre 3

Le *Printemps* constitutionnel

CHAPITRE III
Le *Printemps* constitutionnel

Le concept de *processus révolutionnaire,* évoqué en introduction de cette étude, sous-tend l'image d'un peuple en mouvement. Aussi, est-on en droit de supposer que l'analyse de ce *processus* en Tunisie n'est pas sans rapport avec la dynamique juridique, qui s'est emparée du pays, après la chute de la dictature, pour rétablir la légalité. Cette demande du Droit doit être perçue à la fois comme une distanciation (collective) par rapport à la marche destructice (innée) de la Révolution et comme une traduction constructive de l'œuvre révolutionnaire. On savait d'expérience que l'enthousiasme (révolutionnaire) est rarement porteur de démocratie. Il n'a donné naissance qu'au pouvoir absolu de l'élite révolutionnaire qui s'est identifiée à la pureté de la Révolution. « Les révolutions ont toujours tourné le dos à la démocratie et imposé une unité, qui ne pouvait être que celle d'une dictature, à la diversité de la société… »[1] C'est ce *déterminisme* historique que les acteurs de la Révolution tunisienne ont voulu rompre.

1. A. Touraine, *Critique de la modernité*, Fayard, 1992, p. 101.

Aussi, l'élection d'une Assemblée constituante s'est imposée comme une évidence pour donner le moyen au pays de transformer *l'essai* révolutionnaire. La Constitution en tant que règle, ultime et irrévocable, de l'action politique, serait alors ledit transformateur. Le noyau en est évidemment l'idée qu'il faut rendre le pouvoir au peuple. Ainsi, Constitution et expression de la volonté populaire restent bien couplées. Une idée est née qui va remplir de son attractivité l'espace politique : l'idée que seul le vote procède d'une volonté qui a puissance de le fonder. Ce nouveau procédé normatif n'est qu'un aspect du Droit de souveraineté qui va en s'affirmant. Au lieu que le Droit du pouvoir suprême soit, comme sous la dictature, un Droit parmi d'autres, dépendant de la volonté du prince et qui rencontre l'illégitimité de tous les autres droits, le Droit de souveraineté populaire devient dans les esprits des citoyens le Droit libérateur, source de tous les autres droits et capable d'être l'acte de naissance d'une nouvelle République. Ainsi, la notion de Constitution a triomphé.

Cette notion a tellement triomphé que les institutions provisoires ont eu de la peine à la contenir. C'est là le point capital : si le gouvernement provisoire tarde à convoquer une Assemblée constituante, c'est qu'une atteinte risque d'être portée au processus révolutionnaire. D'où la sanction du premier gouvernement post-révolutionnaire. En se rendant de plus en plus incapable de se faire obéir, le peuple a gagné en considération. C'est alors qu'est apparue l'idée d'un nouveau *Pacte républicain*. Ce serait se tromper que de voir en lui la cause de la nouvelle donne. Il en est plutôt l'effet.

Ce nouveau *Pacte républicain* est un sérieux coup d'arrêt imprimé à la pratique absolutiste pré-révolutionnaire. Il est la légitimité grandissante de la souveraineté populaire dont la Constitution sera le contenant. En effet, le mot souveraineté populaire qui n'avait eu jusqu'alors qu'une existence subordonnée, en connaissait un fait nouveau. Ce souverain (le peuple) se fait de plus en plus imposant. La souveraineté est désormais conçue comme attribut lui appartenant. Elle justifiait par sa caractéristique post-révolutionnaire l'exercice d'un droit de résistance, qui pouvait aller jusqu'au droit d'insurrection ou de déposition (le *dégage* symbole de la Révolution). Tels étaient les correctifs au pouvoir exercé par un gouvernement transitoire non issu du mouvement révolutionnaire.

Aussi, il ressort que le concept de Constitution, ainsi que l'organisation démocratique du processus politique transitoire au sein de la société, sont l'œuvre de l'esprit critique (révolutionnaire) résolu à contrôler le pouvoir. Tous les efforts faits en ce sens avaient pour objet de permettre l'organisation d'élections libres et démocratiques. Chacun est devenu responsable de ce projet. La pratique de la démocratie libérale était le seul remède efficace contre le dédain qui risquait de s'introduire dans l'attitude des gouvernants (de transition) à l'égard des gouvernés. Partout les citoyens se sont vus reconnaître le droit de participer à la vie politique, et ce droit est exercé, individuellement ou collectivement. Partis politiques et associations se sont grandement multipliés. Le pluralisme est devenu une réalité. Et pour que l'élection soit possible, une Commission autonome a été créée pour garantir le bon déroulement de « cette rencontre avec l'histoire. »[2]

---

2. Le mot est de Kamel Jandoubi, Président de ladite Commission

De même, les relations humaines ont subi une transformation, non par la suite d'un renforcement du sens moral ou d'une réforme opérée dans l'inconscient populaire, mais par la résistance des victimes à l'injustice. Tout cela, répétons-le, n'a été possible que parce que le peuple a pris conscience qu'il est désormais détenteur de la souveraineté. L'exercice du pouvoir a été soumis à des normes impersonnelles. En d'autres termes, quand on veut justifier le pouvoir qu'on exerce, il ne suffit plus de disposer de moyens adéquats pour imposer sa volonté, encore faut-il démontrer que cette volonté est légitime, c'est-à-dire conforme aux Lumières de la Révolution (dignité, liberté, égalité). Et la démocratie est le régime qui offre le mieux ces garanties.

Voilà la situation dans laquelle se trouvait la Tunisie après la chute du régime et avant les élections (de l'Assemblée constituante) : un espace juridiquement constitué et juridiquement contrôlé et une élection d'une Assemblée constituante en perspective. Ces deux institutions sont en quelque sorte le fondement d'une citoyenneté retrouvée. Bien que le recul nous fasse défaut pour en juger avec certitude, il nous paraît que l'enracinement est en bonne voie. Les Tunisiens découvrent peu à peu que le modèle démocratique libéral est celui qui répond pour l'essentiel à leurs vœux. Quels sont alors les traits constitutifs pour le fonctionnement de cette démocratie ? Trois principes ont fait l'objet d'un consensus quasi national.

- Le choix des gouvernants et l'exercice de l'autorité conformément à une Constitution.
- La libre concurrence des partis et des hommes aux élections pour l'exercice du pouvoir.

- Le respect des libertés personnelles, intellectuelles, publiques par les vainqueurs temporaires de la compétition.

Ces trois traits sont donnés simultanément dans les démocraties stabilisées et ils sont liés logiquement l'un à l'autre. Et ce sont ces principes structurels qui ont servi de base aux élections du 23 octobre. L'occasion était alors belle pour que le peuple Tunisien démontre par le vote massif son adhésion à ce modèle.

Cependant, malgré ce succès de l'introduction des règles démocratiques, l'avenir ne semblait pas assuré. Plus de 40% des voix se sont portées sur le parti islamiste. Or, l'idéologie de cette mouvance suscite la crainte d'une rupture avec les principes de la Révolution. En dehors même de cette hypothèse, la formation d'une majorité gouvernementale[3] autour d'un parti qui passe par l'instrument de la religion ne va pas sans inconvénient sérieux à terme. D'où une question préoccupante : jusqu'à quel point le parti islamiste restera-t-il fidèle à ses engagements politiques ? Jusqu'à quel point jouera-t-il le jeu de la démocratie ? Et surtout, question autrement plus pathétique que les deux premières, la Tunisie se résignera-t-elle à un recul de la modernité de sa société ? La séparation entre le pouvoir temporel et spirituel, principe fondateur de son Etat, se maintiendra-t-il intact ? Jusqu'à présent, ce péril semble être conjuré. Toutefois, le pays paraît incapable de trouver ordre et repos. Depuis ce résultat, il est rentré dans un cycle ancien de tension entre modernité et tradition. La majorité

3. Le parti islamiste d'Ennahda a formé une majorité gouvernementale avec deux partis laïques le CPR (le Congrès pour la République) et Ettakatol (l'Alliance).

gouvernementale est critiquée en permanence faute de confiance et faute d'efficacité. Il y a toujours une fraction, plus ou moins importante de la *société civile* et de l'opposition parlementaire, se déclarant hostile aux décisions gouvernementales qui l'accuse de porter atteinte aux acquis de la République. La vigilance citoyenne s'est érigée en principe de combat démocratique. Reste à savoir si le pays pouvait atteindre les objectifs qu'il s'est assigné ou que les circonstances lui ont imposé ?

Les événements intervenus depuis l'installation de l'Assemblée constituante, confirment, par une sorte de contre-preuve, quelques avancées. Outre la constitution d'une coalition gouvernementale, un Président de la République a été élu par l'Assemblée constituante. Mais le fait majeur sur le plan juridique, c'est l'adoption d'un *Code constitutionnel*[4] qui aura la vocation d'organiser le fonctionnement des pouvoirs publics en cette période de transition. Les débuts du nouveau régime ne permettent pas encore de préjuger l'avenir. Ce *Code constitutionnel* partage le pouvoir exécutif entre le Président de la République et le Premier Ministre. En raison du poids important du parti islamiste au sein de la majorité (parlementaire), c'est le Premier ministre qui, à l'heure présente, décide dans les affaires importantes. Il dispose d'une autorité de droit presque illimité. Le texte constitutionnel accorde au Président qu'un simple rôle de représentation.

Quant à l'Assemblée constituante, elle s'est trouvée dépositaire d'un double pouvoir. D'une part, elle fait office d'un pouvoir législatif classique et d'autre part,

4. La doctrine tunisienne a attribué à ce Code constitutionnel le qualificatif de « petite constitution ».

elle va avoir la charge historique de confectionner la nouvelle Constitution. Certes, ce régime mis en place, par ce *Code constitutionnel* se veut parlementaire, mais en réalité il fonctionne comme un régime d'Assemblée avec une façade parlementaire. Le poids de la coalition formée autour du parti islamiste pèse lourd sur le fonctionnement des pouvoirs publics. Aussi, la séparation des pouvoirs se trouve grandement tamisée. En fait, ce système assure la prédominance de la composante islamiste (majoritaire) au sein de la *Troïka,* au point de paraître parfois totalisant.

Quelles sont finalement les leçons que suggère la mise en place de ce régime politique transitoire ? Selon les uns, ce régime illustre le danger de l'irruption de l'Islam dans la politique. Selon les autres, tout au contraire, nous sommes en train d'assister à la naissance d'un espace politique, socialement et juridiquement constitué, à savoir le Parlement. Pour se placer dans une perspective de comparatisme historique, nous trouvons intéressant que certaines dimensions du constitutionnalisme moderne qui sont apparues dans d'autres pays, comme la France, à la fois de manière plus organique, c'est-à-dire plus continue, plus lente, et du même coup, plus dispersée dans le temps, apparaissent des siècles après en Tunisie avec la Révolution. En particulier, ce qui nous apparaît comme les deux conditions de l'introduction du constitutionnalisme, à savoir à la fois la préservation de l'Etat comme territoire juridiquement réglé et la constitution d'un lieu de production du droit associé à l'exécutif : le Parlement. Cette Assemblée sera la mère nourricière de la nouvelle Constitution. Quel sera son contenu. A suivre....

Toutefois, depuis la Révolution, les Tunisiens ont démontré qu'ils sont réfractaires à toutes les nouvelles formes de totalitarisme. Et c'est la prise de conscience de l'importance de la modernité qui maintient ouvert le chemin de l'espoir.

Chapitre 4

Essai sur l'avenir : vers une République parlementaire

CHAPITRE IV
Essai sur l'avenir : vers une République parlementaire

Si l'on définit la démocratie comme un système dans lequel la majorité choisit librement, dans le cadre d'une procédure constitutionnelle, une personne ou une majorité parmi d'autres, afin de lui confier pour une période de temps limitée le contrôle de l'Etat, il s'ensuit que la théorie démocratique tend inévitablement à ne pas donner trop d'autorité à un seul compétiteur. Ainsi, la théorie démocratique s'est refusée, pour des raisons idéologiques évidentes, à mettre l'accent sur l'idée d'autorité, car cette insistance semblerait impliquer que certains hommes sont là pour commander et d'autres pour obéir. Postulat en opposition avec l'engagement traditionnel quant à l'égalité des hommes et au rôle de la majorité. Elle s'y est refusée également pour des raisons morales parce qu'insister sur l'idée d'autorité semblait ne pas tenir compte de l'affirmation démocratique selon laquelle le pouvoir est corrupteur. Enfin, elle s'est refusé à mettre l'accent sur ce point pour des puissantes raisons d'ordre pratique parce que cela eût donné l'impression d'encourager l'érosion de la démocratie.

Une telle définition ne semble point correspondre à la conception, à la pratique et à l'organisation de l'autorité qu'a connues la Tunisie. Depuis longtemps, dans ce pays, on a essayé de superposer et amalgamer les pouvoirs afin de former une notion complexe se traduisant dans une équation trouble : un sentiment d'un droit de commandement absolu chez le chef, et un devoir d'obéissance absolue et de loyalisme chez le sujet. Et c'est ce système que l'on a voulu exprimer lorsqu'on déclarait qu'il est l'essence d'un pouvoir politique *sain* d'être indiscuté, et que l'autorité doit venir d'en haut. Point d'alternative. L'ordre juridique, et notamment la Constitution, n'ont fait que rendre exprès ce postulat tacite, en le justifiant par la rationalité normative. Transposer sur le plan de la volonté réfléchie ce modèle a inévitablement abouti au totalitarisme. Le dictateur a considéré les membres de sa société comme des moyens pour parvenir à ses fins, lesquelles sont sa propre grandeur et sa propre glorification.

Face à un tel système, la lutte n'est pas un vain mot. Penser, c'est d'abord critiquer, c'est-à-dire attaquer et détruire. L'ascension des masses est devenue inévitable en un temps où le peuple a trouvé le moyen de domestiquer sa peur. Et c'est sans doute cette révolte qui a été le premier pas vers l'émancipation. Aujourd'hui la Tunisie se désagrège ; elle s'insère en tout cas dans une société qui a renversé l'autorité personnelle et attend sa sécurité d'un ordre politique, d'une organisation collective. Que voulez-vous ? On ne croit plus maintenant à l'efficacité des bienveillances personnelles. On rejette toutes les formes de domination et c'est cela qui a balayé la foi en un homme providence. Aussi, si l'on veut transformer cette révolte en révolution, il faut débuter la construction. Le Droit peut nous permettre de réaliser ce vouloir, grâce à la mise en place d'un nouvel ordre constitutionnel : première étape pour une refondation d'une République nouvelle, c'est-à-dire une communauté de responsabilités ayant pour lien et pour objectif l'épanouissement de tous.

Ce changement de position de l'Etat doit se manifester dans un nouveau mode de fonctionnement des institutions et même dans une nouvelle conception du régime politique comme cadre d'organisation du pouvoir. Il s'agit d'opérer une savante critique du passé et de l'existant afin de construire un nouvel objet en adéquation avec les exigences de la nouvelle mutation. Le tyran supprimé, restent donc les citoyens ; la dictature anéantie, reste la démocratie. Le regain de légitimité que connaît le politique et l'espoir d'une nouvelle redistribution des pouvoirs opérée par la fin du monopole montrent que la division entre la Tunisie *d'avant* et celle *à construire* est désormais une donnée tangible. Il faut cependant prendre conscience de l'étendue des responsabilités qu'une telle entreprise oblige à assumer.

Mais pour modifier des normes générales de comportements institutionnels, on ne peut rester au seul niveau des *réformettes*. Il faut s'atteler à mettre en place un nouveau modèle de gouvernance et se demander comment celui-ci pourrait interagir avec les aspirations d'un peuple qui s'est rebellé contre l'oppression. On reprendrait alors le chemin de l'inventivité dont la trace s'était perdue avec l'immobilisme imposé par la tyrannie. Il faut d'ailleurs que les chemins du renouveau politique aujourd'hui croisent ceux de la réforme constitutionnelle à venir. L'action a besoin d'évidence ; elle se nourrit d'espérance. La volonté de supprimer tous les mécanismes juridiques facilitateurs et producteurs de la dictature, peut révéler le désir d'en finir avec l'infantilisation du peuple tunisien, pour privilégier de nouveaux modes de régulation politico-juridiques rendus désormais possibles par la formation d'un espace public démocratique. Dans l'errance des luttes, il faut parfois oser partager les convictions toutes simples qui arpentent les premières travées de la renaissance. C'est à ce travail que nous allons nous astreindre.

I) Les défauts congénitaux de l'ancienne constitution : lecture critique

Depuis sa promulgation le 1er juin 1959, la Constitution tunisienne a subi déjà plusieurs réformes à des degrés d'importance assez variables. Certaines partielles, elles n'ont touché qu'un seul article ou un seul chapitre de la Constitution. D'autres ont plutôt revêtu un caractère conjoncturel. Mais l'amendement qu'elle a subi en 2002 reste sans aucun doute le plus important et le plus déformant. Le dictateur s'est taillé une révision à la hauteur de ses ambitions : se maintenir au pouvoir et l'exercer sans partage. Le reste n'est que de la cosmétique juridique.

A) La dérive présidentialiste du régime

La dérive présidentialiste qui est une pathologie du régime présidentiel a grandement été facilitée par la structuration de l'actuelle constitution. Cette déformation s'est traduite par un accroissement des pouvoirs du président, de telle manière que la correspondance initiale et historique entre pouvoirs et fonctions disparaisse. La prépondérance présidentielle n'a plus trouvé alors de contrepoids constitutionnel. Conséquence, on est passé d'un système de séparation des pouvoirs à un système totalisant de concentration des pouvoirs, avec l'obligation de permettre au président devenant dictateur d'être en mesure de s'opposer (légalement) aux autres détenteurs du pouvoir (gouvernement, assemblée et justice). Pis encore, la constitution s'emploie, par des moyens détournés, à assurer au président un règne sans partage : la création d'une deuxième chambre parlementaire, le renforcement des compétences du conseil constitutionnel ou la constitutionnalisation d'un certain nombre de droits fondamentaux, ne sont en réalité que des momies qui sont venues orner le triste musée de la dictature.

1) Le bicaméralisme ou la farce du dictateur

Le bicamérisme consiste à instituer deux assemblées, au lieu d'une, chargées de représenter la nation et dans les Etats fédéraux, les Etats membres. Il a toujours un caractère modérateur en ce qu'il a essentiellement pour objet de corriger les excès éventuels de la loi du nombre qu'incarne la chambre basse (l'assemblée). Ce modèle a été introduit par la réforme de 2002[1].

Ce qui frappe le commentateur, au terme d'une analyse littérale des dispositions concernant la mise en place du bicaméralisme dans la constitution actuelle en Tunisie, c'est d'abord son caractère inutile. Et la question qui doit lui rester à l'esprit : pourquoi une telle assemblée ? La Tunisie est un petit pays où les collectivités locales ne disposent juridiquement d'aucune existence propre, ni d'aucun pouvoir propre. Elles s'administrent sous une tutelle *sévère* du représentant de l'Etat, le *Wali*

---

1. Concernant l'analyse technique de cette réforme, voir l'ouvrage d'Emile Scipion, *La révision constitutionnelle en Tunisie : Analyse d'un hold-up*, Ed, LD, 2003.

(équivalent du préfet en France), qui exerce un contrôle de légalité et d'opportunité sur les actes et les personnes de ces collectivités. Leur légitimité (politique et juridique) dépend fondamentalement de leur reconnaissance par le pouvoir central. Et dans le schéma organisationnel de l'administration locale tunisienne, seule la commune est considérée comme une collectivité territoriale au sens juridique du terme. Les autres échelons ne sont que des circonscriptions déconcentrées qui servent d'assise territoriale à l'application des politiques de l'Etat et plus particulièrement de la politique sécuritaire. De plus, les élections locales ne sont pas libres dans ce pays. Elles sont contrôlées, du reste comme toutes les autres élections, par le parti au pouvoir qui gérait sans partage toutes les municipalités. C'est pourquoi, quand les inspirateurs de cette disposition parlent de *participation des élites locales*, de *pluralisme* et de *démocratie* pour vanter le bienfait démocratique de cette chambre, ces mots sonnent creux par rapport à la réalité institutionnelle et politique : absence de décentralisation et absence de représentativité démocratique des élus locaux.

Ce constat d'inutilité devient une évidence quand on aborde la composition du deuxième collège qui siége dans la Chambre des Conseillers. En effet, ce collège est composé d'employeurs, d'agriculteurs et de salariés, *proposés par leurs organisations professionnelles et élus au niveau nationa*l. Donc, ce tiers des représentants est destiné à assurer la représentation de groupes économiques et sociaux. Or, outre le fait que ce mode de représentation, dans son principe, est peu démocratique comme le bicaméralisme des notables, car il ne respecte pas la loi du nombre, il fait surtout double emploi avec le Conseil économique et social. Ce dernier est composé des mêmes forces économiques et sociales qui seront appelées encore une fois à choisir des représentants à la Chambre de Conseillers. Cette sur-représentation n'est-elle pas choquante, eu égard à la sous-représentation dont souffre le reste de la population en Tunisie ? Pis encore, ne consacre-t-elle pas officiellement, sur le plan constitutionnel, l'influence, généralement occulte, des groupes de pression et d'intérêt privé et corporatiste, ce qui serait une mauvaise chose pour la démocratie ? Ainsi, sous prétexte de mieux représenter les forces vives de la nation, on cherche à domestiquer la loi du nombre, c'est-à-dire les règles de base de la démocratie.

Mais les règles de base de la démocratie sont encore plus menacées par le dernier mode de désignation des membres de la Chambre des Conseillers. En vertu de l'alinéa 4 de l'article 19 (nouveau), la nomination du troisième collège composant la Chambre des Conseillers relève du pouvoir discrétionnaire du Président de la République. Ce dernier peut les choisir *parmi les personnalités et les compétences nationales*. Cette formule peut ne poser aucun problème institutionnel particulier dans un autre pays, mais sa mise en place sera lourde de conséquences en Tunisie. Selon la constitution actuelle, le Président de la République est déjà le centre du système. A ce titre, il est le seul titulaire du pouvoir, le gouvernement et le Premier ministre étant réduits à un rôle d'exécution. Le Parlement, composé de la Chambre des députés, lui est totalement inféodé organiquement, il maîtrise son ordre du jour, il a le droit de dissolution et l'initiative de la loi et fonctionnellement, tous ses membres sauf quelques-uns (une opposition de façade) font partie d'une formation politique dont il est le chef. Bref, il exerce une véritable *dictature* concentrant sur sa personne toutes les magistratures de l'Etat, sans limitation. Mais malgré tout cela, le constituant, qui ne semble pas être effrayé par autant de concentration de pouvoirs, offre au Président la possibilité d'en avoir encore *un peu plus*. Grâce à cette formule, il lui donne, constitutionnellement, l'occasion de maîtriser le fonctionnement de cette assemblée. En effet, en disposant du droit de nommer une partie de ses membres, le Président va avoir tous les moyens techniques et politiques d'empêcher l'installation, en son sein, d'une majorité qui lui est hostile, c'est-à-dire, concrètement, toute possibilité de débat. Conséquence, cette chambre va naturellement se transformer en une chambre d'enregistrement sans pouvoir, ni influence. Parler dans ces conditions de contre-pouvoir au sujet de cette assemblée, c'est encore une fois chercher à maquiller la réalité. La création de cette chambre n'a comme unique et simple raison que de permettre au Président de noyauter légalement le pouvoir législatif et renforcer son assise sur l'ensemble des institutions du pays. Résultat, cette formule contribue non seulement à faire du Président un personnage nettement plus puissant que toutes les autres autorités politiques, mais surtout, elle lui confère l'autorité sacrée du monarque source de légitimité : c'est le cumul des inconvénients.

Cependant, le point essentiel sur lequel il faudrait vraiment bien insister, c'est la dérive clientéliste que ce mode de désignation a instauré à l'intérieur même du système institutionnel. En effet, cette procédure de nomination, en ce qu'elle constitue un mode d'exercice de la domination du Président, a abouti logiquement à la formation d'un système clientéliste qui exclut toute notion de citoyenneté. La relation de clientèle contrairement à une relation citoyenne, est essentiellement une relation personnelle et particulariste, mettant en rapport non un pouvoir public et un citoyen, mais plutôt un prestataire de service et un client, qui échangent des services, le premier apportant des faveurs, le second des soutiens. Institutionnalisée au cœur de l'Etat, cette relation aboutira inévitablement à installer au pouvoir un clan qui sera prêt à tous les sacrifices pour défendre son chef. On est alors bien loin des slogans (pluralisme, démocratie) proférés par les auteurs de la réforme pour faire passer ce vice caché du projet. Ils le savent bien. Le modèle qu'ils s'apprêtent à imposer au peuple tunisien, c'est le système recyclé des Mamelouks, dans lequel le chef exerce le pouvoir sans partage, en s'appuyant sur un clan composé par les membres de sa famille et de ses proches. En dehors de ce petit cercle, point de salut. Le citoyen n'a pas le choix, sauf de se soumettre. Tout tourne autour du chef. Pis encore, la Tunisie, qui a renoncé depuis l'instauration de la République aux corps intermédiaires, aux privilèges aristocratiques et aux médiations notablières, s'est retrouvée, avec la mise en place de ce système, confrontée à la réintroduction d'une nouvelle catégorie trouble, dont le seul mérite est d'être proche du Prince. En somme, c'est la culture *maghsine* que la constitution a réintroduit.

2) Le Conseil constitutionnel ou l'illusion d'un contrôle de constitutionnalité

Le contrôle actuel de la constitutionnalité des lois en Tunisie se fait a priori. C'est un contrôle préventif qui s'opère avant l'entrée en vigueur de la loi. Cela consiste à soumettre au contrôle du Conseil tous les projets des lois organiques et ordinaires ayant un rapport avec les droits et les libertés. Ce contrôle s'effectue, impérativement, avant même que le législateur n'ait eu à connaître le texte. Le but de cette procédure est d'éviter que le législateur adopte des lois non conformes à la constitution et que le Conseil constitutionnel outrepasse ses limites. Il doit rester cantonné dans un rôle de technicien du droit. On est loin d'un juge constitutionnel garant du jeu démocratique, la preuve, seul le Président de la République a le droit de le saisir. Il reste un organe consultatif produisant des *avis* à caractère confidentiel. Ses membres sont liés par le secret et ne peuvent rendre compte de leur travail qu'au Président de la République.

Le contrôle de constitutionnalité, dans cette perspective, semble n'être qu'une des multiples techniques destinées à renforcer vis-à-vis du Parlement l'autorité du Président. On comprend, dès lors, que la garantie des libertés individuelles, la protection des droits de l'opposition et la sauvegarde des prérogatives du Parlement ne soient pas le souci premier du texte constitutionnel. Son objectif est de faire en sorte que le chef de l'exécutif ait une maîtrise totale du fonctionnement de cette institution et qu'elle lui soit un allier contre les représentants du peuple.

En outre, on ne peut pas parler de véritable contrôle dès lors que la saisine est réservée au seul Président de la République, à l'exclusion des citoyens. C'est à leur profit que le contrôle devrait être institué, parce qu'ils sont les plus menacés et parce que les lois, si elles sont votées par le Parlement, expriment en pratique la volonté du Président. D'autre part, tel qu'il est orienté, son contrôle ne pourrait s'organiser qu'à sens unique, pour la protection du pouvoir en place. Car l'autorité habilitée à le saisir est la même que celle qui est à l'origine de la loi (le Président) et elle peut donc s'abstenir de déférer au Conseil le texte législatif dont la constitutionnalité est incertaine. On comprend dès lors assez bien la déception que pourrait susciter une telle réforme. Tous ceux qui s'attendaient à ce que les constituants, profitant de cette occasion, franchissent le pas et fassent de cet organe le garant du jeu démocratique et le protecteur de l'Etat de droit, ont vu leur espoir déçu. Et la raison pour cela est très simple. Le but premier de la réforme n'est point la volonté de trouver une solution juridique au problème que pose l'inefficacité du système actuel de contrôle de constitutionnalité des lois en Tunisie. En réalité, par ces dispositions on veut, au contraire, neutraliser cet organe en faisant en sorte qu'il ne puisse jamais sortir de son rôle de *valet* du Prince. C'est pourquoi, le texte est formulé de telle manière que le Conseil constitutionnel tunisien ne puisse étendre ses compétences. Ainsi, il ne pourra jamais suivre son homologue français qui a réussi, par son audace interprétative, à passer d'une simple instance technicienne de contrôle de constitutionnalité des lois à une véritable juridiction gardienne de la Constitution et protectrice des libertés publiques et des droits fondamentaux. Dans ces conditions, il ne faut pas s'étonner que les frontières du partage des compétences se soient déplacées au bénéfice du Président dans une étendue d'ailleurs difficile à apprécier à cause de l'état de délabrement institutionnel dans lequel se trouvent les autres pouvoirs en Tunisie. Voilà le constat de dangerosité de la constitution actuelle réintroduit.

B) Le caractère arbitraire du régime

La doctrine du libéralisme politique vise à organiser l'Etat de manière à limiter au maximum le pouvoir afin de l'empêcher de devenir tyrannique. Elle admet comme axiome de base : *ne placer nulle part le pouvoir souverain, ne pas lui donner un titulaire unique ou même prééminent*, mais le répartir à égalité dans l'intention même de l'affaiblir. Et qu'on l'envisage dans sa définition parlementaire ou dans sa réalisation présidentielle, cette forme libérale du régime apparaît toujours, non comme une technique de renforcement, mais d'affaiblissement du pouvoir. Tous ces traits se résument dans une dernière qualité qui constitue finalement la synthèse des précédentes : *le sens politique*, qui est en somme l'art de corriger les vices inhérents à un régime constitutionnel par la manière dont on le fait fonctionner et par la manière dont on veut le réformer. Or, ce n'est pas calomnier l'actuelle Constitution tunisienne que de constater que ses qualités naturelles ne sont guère de cet ordre-là. Il est flagrant de constater, à sa lecture, qu'elle conçoit ou même sent la politique autrement. Pour elle, l'avantage qu'il y a à ce que les choses se mettent en place, passe loin devant des questions plus importantes, à savoir par qui et au nom de quels principes les choses doivent se faire. Voilà la question de la légitimité de l'exercice du pouvoir introduite.

1) L'alternance au pouvoir

Le problème de l'alternance à la présidence de la République en Tunisie comporte deux questions, celle de l'homme et celle de la procédure : *qui* et *comment* ? Elles sont d'ailleurs intimement liées. Se demander qui succédera au Président, c'est parler en terme de règne ; la couronne survit au monarque, c'est donc admettre au moins à titre d'hypothèse que l'institution centrale du régime, la présidence de la République, ne sera pas anéantie ou ruinée. Mais s'interroger sur le comment, c'est-à-dire sur la succession non plus à l'homme, mais à la fonction, c'est vérifier si la procédure légale était respectée par l'homme qui détient la fonction. Ainsi, les deux manières de supputer la question de l'alternance sont complémentaires et contradictoires en même temps. Sans vouloir s'étendre sur le délit (parjure) commis par Ben Ali à l'encontre de la constitution lors de la réforme de 2002, en *bricolant* la loi fondamentale pour se maintenir au pouvoir, on peut affirmer qu'une telle opération s'apparente plus à un coup de force contre la Constitution qu'à une réforme constitutionnelle. Car dans ce contexte, point de volonté de respecter le caractère sacré de la loi fondamentale ni la hiérarchie des normes. L'objectif est de faire en sorte que les structures juridiques ne soient pas un obstacle au vouloir du prince. Autrement dit, il faut que le droit soit subordonné aux envies des gouvernants et non l'inverse. Et si par hasard, un texte juridique vient perturber cette harmonie, son destin sera l'abrogation. La règle d'or de ce système est celui de ne jamais se sentir lié par un texte de droit, peu importe sa valeur juridique. Ainsi, lorsque la Constitution, dont le rôle est d'organiser entre autres l'alternance pacifique au pouvoir, limite le nombre de mandats à la présidence de la République, interdisant ainsi légalement à celui qui exerce cette fonction de se représenter, la solution serait soit de respecter les règles de droit et donc de se retirer pour ne pas commettre l'irréparable contre la constitution, soit de passer en force, c'est-à-dire violer la constitution et faire passer cela sous forme de révision constitutionnelle. Face à ces deux options, le Président tunisien avait le choix entre être le gardien de la bonne application de la Constitution ou être à l'origine de son fourvoiement. C'est la seconde solution qui a été, malheureusement, choisie. La violation ainsi faite à la constitution est grosse de la violence qu'elle exerce sur des institutions en souffrance. En justifiant, au nom du réalisme, des choix arbitraires et illégaux, cette contrainte uniformise l'offre politique et prive de représentation le corps social. C'est la nation tout entière qui est atteinte ici par cette agression : le principe même de la représentation et le suffrage universel perdent leur sens. Le droit devient alors une arme redoutable par laquelle les représentants complotent contre le peuple. Cette attitude signe, en effet, la mort de la norme juridique et de la représentation politique, car elle alimente la dégénérescence de la légalité. Comment après avoir connu une telle pratique peut-on encore faire confiance à ce modèle de désignation du Président de la République ?

2) L'impunité constitutionnelle absolue du Président

Pendant longtemps, la responsabilité pénale du Président de la République a pu demeurer en Tunisie un *non sujet* de débat. Un consensus (doctrinal) s'est dégagé pour reprendre le principe selon lequel le Président de la République ne peut être poursuivi pour les actes qu'il accomplit dans l'exercice de ses fonctions, que s'ils relèvent de la haute trahison. Mais ce consensus n'a pas résisté à la nouvelle formulation de l'article 42. Autrement dit, le Chef de l'Etat bénéficie d'une impunité qui demeure valable, même après l'expiration de son mandat. Si la dignité de la fonction présidentielle et l'autorité de l'Etat exigent l'introduction d'une forme d'irresponsabilité pénale, son étendue apparaît comme l'enjeu principal de ce choix politique.

En effet, la dignité de la fonction réside en premier lieu dans la probité de la personne qui l'assure. Un doute à ce sujet affecte assurément la fonction et plus généralement nuit à l'Etat, car non seulement une fonction prééminente est assurée par un présumé délinquant, mais encore l'ensemble des représentants du peuple ainsi que le peuple lui-même lui offrent une impunité pour ses actes délictueux ! Si la mise en jeu de la responsabilité du Président de la République atteint l'Etat, son impunité conduit notamment à maintenir aux plus hautes charges de l'Etat une personne soupçonnée ou incriminée, ce qui nuit tout autant à celui-ci. La protection de l'Etat et le maintien de sa légitimité ne trouvent pas, dans l'un ou l'autre cas, et donc, dans l'une et l'autre interprétation de l'article 42 al 2, d'issue salvatrice.

Le malaise actuel de la Constitution tunisienne provient sans doute plus fondamentalement d'une confusion initiale entre l'organe et le titulaire de la fonction. Dans l'exercice d'une fonction politique, la responsabilité engagée devrait être celle de l'organe. En dehors de l'exercice de cette fonction, la responsabilité engagée devrait être celle de l'homme. Qu'un homme assure une fonction politique, que sa mise en accusation (pénale) entraîne la défiance (politique) à son égard, n'aboutit à une assimilation ni de l'homme et de l'organe, ni de la responsabilité pénale et de la responsabilité politique. Normalement, une infraction grave, criminelle notamment, doit conduire, en l'absence d'une démission spontanée, à la destitution pour haute trahison du Président de la République, mais il s'agirait alors d'une sanction politique et non pénale ; car ce n'est pas l'acte criminel qui est sanctionné, mais plutôt son manquement aux devoirs de sa charge. Mais en Tunisie, il y a une confusion réelle entre l'homme et la fonction. C'est la raison pour laquelle on a introduit cette disposition. Le but n'est point la protection de la fonction mais plutôt la protection de son titulaire. C'est le Président en exercice que le constituant semble vouloir protéger en le mettant au-dessus des lois pour en faire un citoyen intouchable. A posteriori, nous pouvons comprendre, après la fuite de notre dictateur-président en voleur confirmé, les motivations de ceux qui ont imposé cette disposition et l'inscrire dans la constitution.

Cette ambiguïté tient au choix des constituants de s'inspirer de la Constitution française de 1958 instituant la 5e République qui renforçait les pouvoirs du président. Les Français entendaient ainsi marquer la rupture avec la 3e et la 4e Républiques sous l'empire desquelles tous les pouvoirs étaient détenus par le président du Conseil (le Premier ministre) au détriment du président de la République dont la fonction était réduite à inaugurer les chrysanthèmes. Formule pour le moins fleurie pour dire qu'il ne disposait d'aucun pouvoir. Ce n'était pas l'exemple à suivre pour un pays qui se relevait à peine de 30 années d'un pouvoir présidentiel démentiel. Les constituants auraient dû s'inspirer plutôt de l'expérience de l'Allemagne, de l'Espagne ou du Portugal, et de tant d'autres pays ; expérience parlementaire qui assure avec bonheur le plein fonctionnement des institutions, le Corps législatif étant le principal dépositaire de la légitimité populaire. Point de double légitimité donc au sommet de l'État, comme cela se passe en France sous la 5e République et qui donne lieu, notamment en période de cohabitation, à une sorte de combat de coqs entre le Président de la République et le Premier ministre.

II) Vers un régime parlementaire

Outre les raisons que nous venons d'exposer, trois autres arguments peuvent encore être invoqués pour renforcer notre intime conviction de la nécessité de passer à un régime parlementaire intégral. Le premier argument concerne la nature même du régime présidentiel. En effet, nul besoin de rappeler que ce régime, eu égard à son mode de fonctionnement et sa structuration institutionnelle, reste fondamentalement marqué par son contexte natal : les Etats-Unis. Chaque fois que l'on a tenté de l'expatrier, on s'est vite rendu compte que le système voyage mal. Loin de ses racines géographiques, le régime présidentiel n'est que l'ombre de lui-même. Il n'a jamais été appliqué avec ses qualités intrinsèques (équilibre des pouvoirs, alternance démocratique, institutionnalisation efficace des contre pouvoirs...). En dehors de son contexte géographique, et même dans un contexte démocratique, c'est plutôt sa déformation présidentialiste que l'on applique. Que dire alors lorsqu'on se trouve dans un contexte arabe non démocratique dans lequel les dirigeants aiment exercer le pouvoir pour le pouvoir. Dans l'esprit de certains d'entre eux, le pouvoir est encore une forme de jouissance personnelle : *motââ*. Le principe de la séparation des pouvoirs est souvent introuvable. Non content d'exercer le pouvoir sans partage, ils s'efforcent toujours de l'accroître en combattant les efforts déployés par les autres pour les empêcher de le pratiquer de façon arbitraire. Dans ces pays, l'autoritarisme du prince est le gage d'un bon gouvernement. Dans ce contexte, le régime présidentiel est utilisé comme un moyen pour apporter le cadre institutionnel à un exercice totalitaire du pouvoir. Et l'exemple tunisien est là pour nous inviter à ne point perdre de vue cette évidence.

La seconde idée a trait au mode de désignation du Président, clef de voûte du système présidentiel. L'investiture populaire du chef de l'Etat crée en effet un lien privilégié entre un homme et son peuple, reléguant forcément les autres institutions à un rôle subalterne d'exécutant, voire de figurant. Court-circuitées par ce dialogue direct entre le Président et le corps électoral, les institutions se trouvent menacées de perdre leur influence politique et leur prestige social au profit de l'élu de la Nation. Ainsi, cette donne constitutionnelle réinstalle la figure du leader au cœur du système. Or ce concept de *leadership* est particulièrement crucial dans les pays arabes. Les leaders arabes ont plutôt opté pour les valeurs totalitaires. L'essence de leur totalitarisme est l'exigence de la soumission. En effet, les pays arabes sont gouvernés par des souverains (monarque ou républicain), entourés de *serviteurs* (fonctionnaires, politiques, officiers) et de membres de la famille ou du clan. Les partis au pouvoir ne représentent ni une classe sociale, ni les citoyens venus de tous les milieux et adhérant à une même conception de l'Etat ; ils représentent, soit un groupe ethnique ou religieux et par opposition aux autres groupes, ils tendent à dissoudre l'unité de l'Etat, soit ils regroupent des personnes mues uniquement par leurs intérêts personnels, dans la mesure où être membre du parti permet d'accéder à certains privilèges. Dès lors, il ne subsiste plus que deux possibilités : un autoritarisme traditionnel ou un autoritarisme étatique. Là encore, l'exemple tunisien est révélateur d'une telle dérive. Que faire d'un tel constat ? Faut-il considérer que la question constitutionnelle n'a pas grande importance et que les dérives que chacun constate sont le produit inéluctable de toute forme de pouvoir ? Le présidentialisme arabe est bien sûr ce qu'en font ses dirigeants. Mais la question importante n'est pas tant celle de la qualité des hommes qui habitent les palais, que celle d'un système institutionnel, qui empêche qu'ils soient comptables de leurs actes et qui ne peut alors se prémunir du risque d'arbitraire et de l'exercice tyrannique du pouvoir des gouvernants.

Enfin, la Tunisie sort d'une dictature policière d'une cruauté sans précédent. Elle a laminé pour gouverner l'espace politique en le réduisant en un lieu de la pensée unique. Point de pluralisme ni de concurrence. A la sortie, aucune formation politique ne pourrait aujourd'hui se détacher des autres pour mettre les fondations d'une assise populaire lui permettant de gouverner et de former une majorité capable de soutenir un Président qui sera élu au suffrage universel direct. Au contraire, l'émiettement actuel du paysage politique invite à la sagesse. Car un Président, fort de sa légitimité populaire nouvellement acquise, ne disposant pas de majorité pour gouverner ni d'opposition; aura tendance à passer en force pour faire adopter ses réformes et imposer ses orientations. Et voilà encore la porte grande ouverte à une nouvelle aventure, fort de sa légitimité populaire nouvellement acquise, totalitaire ou totalisante.

Il est donc important de revenir à la question des institutions, en partant de cette leçon essentielle de l'histoire pluriséculaire du constitutionnalisme : il n'y a pas de pouvoir légitime sans responsabilité. D'où l'intérêt d'opter pour un régime parlementaire.

Mais ce rationalisme juridique ne semble pas convaincre une part importante de la population tunisienne.

En effet, une bonne majorité des Tunisiens reste fondamentalement attachée à la désignation au suffrage universel du Président de la République. Pis encore, ce mode de désignation constitue pour elle un acquis fondamental de la Révolution. Dans ces conditions, le passage à un parlementarisme intégral sera certainement vécu comme une ruse de la part d'une élite politique cherchant non seulement à accaparer le pouvoir, mais surtout à isoler le peuple et à le marginaliser. Ainsi, l'élection au suffrage universel direct du Chef de l'Etat serait un moyen de garantir pour l'avenir l'acquis principal de la Révolution : la valorisation de la fonction citoyenne. En donnant au peuple une légitimité constitutionnelle incontestable, on pouvait éviter la dictature d'un groupement politique, peu importe son obédience.

Sans doute, l'exercice du pouvoir, pendant la période transitoire, par la troïka à domination (écrasante) islamiste, a fini par convaincre les plus réticents (y compris moi) à l'égard de ce mode d'élection. Pendant cette période, ils ont pu apprécier la dangerosité d'un système parlementaire donnant la part belle à une majorité politique à tendance hégémonique sans contre-pouvoir. De plus, le Code constitutionnel adopté par cette majorité a fait en sorte de dépouiller le Président de la République de toutes ses compétences, transformant ainsi la fonction en coquille vide. Là encore, les Tunisiens ont vu de leurs propres yeux le vrai danger d'un régime parlementaire se transformant, par truchement du *fait majoritaire*, en régime d'assemblée autoritaire. Bref, une nouvelle dictature en perspective.

Tel est donc le sens dans lequel il faudrait, nous semble-t-il, chercher à concilier les conditions d'un exécutif efficace et d'un parlementarisme équilibré dans une Tunisie qui voudrait tourner définitivement la page de la dictature. On dira qu'ainsi constitué, ce régime (à construire) doit ressembler à celui qui se pratique actuellement au Portugal. Un régime certes parlementaire, mais avec un Chef de l'Etat désigné au suffrage universel. Peut-être, ici, serait-ce en restant pleinement fidèle au désir des Tunisiens qu'on travaillerait le plus efficacement à la paix politico-sociale. Pour dire vrai, au début (quand nous avons entamé cette réflexion), nous ne croyions pas au bienfait d'une telle procédure. Nous avons plutôt plaidé pour un régime parlementaire intégral. Mais c'est là une position personnelle désincarnée. Or on ne fera pas œuvre d'expertise efficace en ignorant le réel : tentative absurde s'il en fut, et sacrilège. Le juriste doit avoir le courage et la loyauté à sa science de regarder en face la réalité et de changer d'avis si c'est nécessaire. Aussi, nous pensons aujourd'hui qu'un parlementarisme à la portugaise est le système le mieux approprié à la Tunisie.

A) Un pouvoir exécutif réformé.

Après une humiliante dictature de plusieurs années, le pouvoir constituant doit avoir le souci d'éviter le retour d'un pouvoir personnel sans bornes. Aussi, il faut doter le pays d'un pouvoir exécutif conforme à un modèle de fonctionnement d'un État démocratique et de droit, fonctionnant sous l'empire des lois. Pour réaliser une telle équation, la réforme doit avoir le courage de faire le choix de changer complètement aussi bien le mode de désignation que le statut du Président de la République au sein de l'exécutif. Car la société tunisienne, venant de se débarrasser d'un présidentialisme autoritaire et autocratique, ne peut tolérer un retour à un enfer autoritaire par le prisme d'une réforme faisant la part belle à un pouvoir présidentiel même démocratiquement élu. Une telle situation exposerait inévitablement le pays à des risques pouvant l'amener à une aventure de type *benaliste* et cela nonobstant les garde-fous qui seront érigés pour contrer les dérives d'un président trop puissant. D'où l'obligation de structurer un pouvoir exécutif conforme au modèle parlementaire composé d'un Président de la République (élu au suffrage universel) et d'un Premier ministre avec, bien évidemment, une prime, en terme de compétence, au Chef du gouvernement.

1) Le Chef de l'Etat

En sa qualité de chef de l'Etat, le Président représente la République à l'étranger, nomme les membres du gouvernement, les juges et les hauts fonctionnaires. Sa signature permet l'entrée en vigueur des lois. Chaque acte du président doit être contresigné par le Premier ministre. Il peut limoger le gouvernement et dissoudre la Chambre des députés à la demande du Premier ministre. En cas de cohabitation, il peut néanmoins exercer un véritable contre-pouvoir moral. Il peut, dans des cas exceptionnels (conflit d'intérêt, par exemple), s'opposer à la nomination des hauts fonctionnaires proposés par le Chef du gouvernement.

La nouvelle constitution doit accorder un droit de veto au Président de la République. Ce veto consiste dans le refus de promulgation des lois votées par le Parlement ou par décrets émanant du Chef du gouvernement. En cas de veto législatif, la loi est renvoyée au Parlement par le Président de la République qui demandera un nouvel examen du texte par un message motivé. Si le Parlement confirme le vote à la majorité absolue des Députés, le Président devra promulguer la loi. Le Président est élu pour un mandat de 5 ans renouvelable une seule fois. Il est désigné par le peuple au suffrage universel.

Incontestablement, une telle posture du Chef de l'Etat favorise l'émergence d'un Président arbitre se situant au-dessus du jeu partisan et garantissant la continuité de l'Etat. A cet égard, l'importance de l'enjeu est d'éviter toute tentation de personnalisation du pouvoir et surtout de mettre définitivement un terme à des aventures totalisantes menées tambour battant par des hommes en déficit de légitimité. Après le traumatisme provoqué par le règne de Ben Ali, la Tunisie post-révolutionnaire a besoin de construire son avenir et d'assurer définitivement son ancrage à l'universel. Point d'envie de se trouver embarquée par un individu lui promettant monts et merveilles. Pour y parvenir, il faut passer par l'installation douce et sans heurts d'un Président qui règne mais qui ne gouverne pas. Le président de la république ne doit pas défendre une couleur politique et n'a pas à intervenir dans la politique du gouvernement mais il est surtout le gardien de la Constitution, d'où l'importance de la personnalité du président et de sa prise de conscience de l'importance de son rôle.

2) Le Chef du gouvernement

Dans cette nouvelle configuration constitutionnelle, le Premier ministre devient le chef de l'exécutif. C'est lui désormais qui aura la charge de déterminer et de conduire la politique de la nation. En dirigeant l'action du gouvernement, il lui appartient également de nommer et de révoquer les ministres. Il détermine leur nombre et leurs compétences. C'est à lui que revient le pouvoir de fixer les grandes lignes de l'action gouvernementale. Pour assurer cette tâche, le Premier ministre dispose d'un arsenal d'instruments politiques et normatifs.

Le parti ou la coalition arrivant en tête choisit le Premier ministre dans son rang. Son élection doit donner lieu à une discussion approfondie de son programme. Une telle discussion sera suivie d'un vote d'investiture à la majorité simple. Cette opération a comme finalité d'assurer le gouvernement, dès son départ, d'un soutien explicite de manière à anticiper les crises et l'instabilité gouvernementale. Si le Premier ministre se voit refuser l'investiture, un nouveau candidat doit alors se déclarer. Il se présentera devant les parlementaires dans les mêmes conditions.

Le Premier ministre peut à tout moment poser la question de confiance à la Chambre des députés pour vérifier s'il jouit toujours du soutien de sa majorité. Dans le cas où les députés lui refusent la confiance, c'est-à-dire si une partie de la majorité gouvernementale se détourne de lui, dissoudre la Chambre des députés s'imposera alors comme une solution de sortie de crise. Cette décision relève de la compétence du Président de la République sur proposition du Premier ministre. Toutefois, il peut ne pas recourir à cette option en demandant aux partis représentés de tenter de former un nouveau gouvernement.

Cette mutation aura certainement comme avantage de garantir pour l'avenir la stabilité du pays. On n'aura plus à choisir entre des compétiteurs seuls mais entre des partis politiques sur la base d'un programme de gouvernement. Ce système offre un triple niveau de contrôle. Le premier niveau se situe à l'intérieur même des partis. Ces derniers devenant démocratiques, ils établiront, sans doute, des procédures efficaces pour nommer les meilleurs d'entre eux. Ensuite, le second contrôle sera effectué par les citoyens qui seront amenés à choisir lors des élections législatives la majorité correspondant le plus à leur aspiration. Enfin, le dernier acte de contrôle se fera dans l'enceinte même du parlement lors du vote de l'investiture. Ces gardes fous sont un excellent remède aux aventures totalitaires. Car nous pensons comme Montesquieu que « tout homme qui a du pouvoir est porté à en abuser. » La limitation du pouvoir et son contrôle constituent le sens même de la démocratie pluraliste.

III) Un pouvoir juridictionnel émancipé

Il ne suffit pas de renverser la dictature pour atteindre l'objectif de liberté. La liberté doit être contagieuse et atteindre en retour aussi bien la société que l'ensemble des pouvoirs. La libération du pouvoir judiciaire passe en effet par la levée des *mains mises* sur son autorité : fonctionnement et organisation.

1) Un pouvoir juridictionnel indépendant

Par pouvoir juridictionnel, il faut entendre les juridictions chargées de trancher les litiges qui opposent, soit des personnes privées, physiques ou morales, entre elles, soit des personnes privées à des personnes morales de droit public, c'est-à-dire aux gouvernants et à l'administration, soit encore des personnes morales de droit public entre elles. En Tunisie, il existe deux ordres de juridictions, les juridictions administratives ayant (très schématiquement) compétence pour statuer sur les litiges mettant en cause la Puissance publique en tant que telle et les juridictions judicaires pour les autres litiges.

L'enjeu politico-juridique de la réorganisation du pouvoir juridictionnel en Tunisie passe fondamentalement par sa libération de l'emprise politique de l'exécutif. Il s'agit de mettre un terme à son instrumentalisation au profit de la violation des droits. Pendant des années, les palais de justice se sont transformés en des lieux de répression et de jugement en déficit de légalité. L'injustice et l'arbitraire sont devenus l'emblème d'une autorité judiciaire dévoyée. Et les procès politiques à répétition ne sont que l'incarnation factuelle de cette inféodation sans limite. Toutefois, cette pathologie n'est que la partie émergeante d'une maladie plus profonde qui ronge les profondeurs de l'appareil judicaire : l'estime de soi.

Laissé en friche par un pouvoir dictatorial qui ne s'y intéresse que pour défendre ses intérêts, l'appareil judiciaire est en état de délabrement avancé. Lourdeur, rigidité, archaïsme et clientélisme sont désormais les caractéristiques qui la définissent. Une telle situation rend la relation avec le justiciable non seulement compliquée mais surtout porteuse d'une insécurité certaine. C'est pourquoi, quand on interroge les citoyens sur l'image qu'ils ont de leur appareil judiciaire, ni équité, ni efficacité, ni justice ne sont invoquées. Or le risque d'un tel raisonnement peut conduire à entretenir la suspicion à l'encontre de la composante humaine (magistrats, greffiers, agents administratifs…) de l'appareil en la rendant seule responsable de l'état dans lequel se trouve notre justice. On le sait, l'ambiguïté du totalitarisme à l'égard des juges réside souvent dans le fait que tout en voulant les instrumentaliser, il cherche par tous les moyens à les déconsidérer aux yeux de l'opinion publique par méfiance et mépris. Ainsi, magistrats et autres agents de la justice sont constamment mis sous pression, contrôlés et parfois opprimés. Réduits à un rôle de subalterne de l'exécutif, ils sont peu respectés en tant que corps constitutionnel. D'où l'urgence de réhabiliter la justice dans son rôle de corps constitutionnel indépendant.

Pour ce faire, cette réforme doit reposer sur un vaste retournement de valeurs, au sens *révolutionnaire* du terme, ou comme on retourne la terre d'un champ pour encourager l'action des germes de vie. Le réveil des valeurs correspond ici aux contre-poisons sécrétés par l'Etat démocratique en réaction à la pollution de l'appareil. Deux moyens sont porteurs de cette mutation.

D'une part, sur le plan juridique l'indépendance de la justice doit être non seulement inscrite dans la constitution, mais également garantie et protégée par l'instauration d'un organe (un conseil supérieur) de régulation dont la composition ne doit laisser aucune place à l'influence de l'exécutif. D'autre part, cette indépendance ne peut dépasser le cadre de la reconnaissance légale pour devenir réelle que lorsque ceux qui gèrent l'Etat l'intériorisent et la défendent comme la première des fondations garantissant les libertés. A défaut on aura toujours une indépendance légale de la justice mais dépourvue d'un ancrage dans le réel.

2) Vers un Etat de droit : le contrôle de constitutionnalité des lois

Ces réflexions préalables ayant été faites, il nous est désormais possible de rassembler les différents écheveaux de notre argumentation afin de fonder, du point de vue de la théorie, notre manière de concevoir une organisation de la puissance publique dans l'esprit de l'Etat de droit. La constitution réciproque du droit et du pouvoir politique crée, entre ces deux éléments, un lien qui ouvre et perpétue la possibilité latente d'un usage du droit dont la vocation est de construire un Etat moderne de liberté. Par un effort progressif, l'Etat *légal* où les individus sont protégés contre les excès et la violation des droits et des libertés, résultant de l'activité de l'Exécutif, va évoluer vers un régime *Etat de droit* où le Législateur lui-même peut être sanctionné par une juridiction constitutionnelle pour non respect des règles constitutionnelles, y compris (et surtout) celles qui protégent les libertés et les droits fondamentaux. Ainsi, il est nécessaire que les textes qui proclament et réglementent les libertés publiques (individuelles et collectives) occupent une place éminente dans la hiérarchie des normes et nécessite aussi que le respect de ces textes soit assuré et sanctionné par les autorités juridictionnelles.

Sur le premier point, il faut que le texte de la constitution, s'inspirant du modèle constitutionnel allemand, comporte tout un chapitre dont l'objet central est l'affirmation explicite des droits fondamentaux. Une telle option a l'avantage d'éviter toute discussion a posteriori sur la valeur juridique du préambule, si par hasard ce corpus normatif se trouvait relégué à ce niveau. D'autre part, cette réforme constitutionnelle sera enfin l'occasion d'attribuer aux règles prévues par le Code de statut personnel, une valeur constitutionnelle. En agissant de la sorte, le constituant mettrait ce monument du patrimoine juridique tunisien à l'abri des aléas politiques à venir.

Quant au second point, il est tributaire des solutions données aux problèmes du contrôle de la constitutionnalité des lois et de l'indépendance de l'autorité judicaire. Notre choix va vers l'instauration d'une double procédure de contrôle de constitutionnalité des lois. Le premier, c'est un contrôle ouvert aux citoyens et assuré par les tribunaux ordinaires (juge judiciaire et juge administratif). Cette procédure autorise les citoyens, lorsqu'ils sont en procés, à soulever la question d'inconstitutionnalité pour leur défense. Le juge peut alors écarter l'application de la loi incriminée. La deuxième procédure consiste à renforcer et à élargir les compétences du conseil constitutionnel actuel, pour qu'il puisse réellement jouer son rôle de gardien de la constitution, et donc de l'Etat de droit.

Le conseil constitutionnel

Le conseil constitutionnel est une institution caractéristique de la démocratie et de l'Etat de droit. La constitution doit lui donner le droit d'invalider des lois élaborées certes démocratiquement mais dépourvues de fondement constitutionnel. Le conseil ne peut s'autosaisir. Il ne peut avoir à connaître de la constitutionnalité d'une loi que lorsqu'un recours est déposé. Il peut être saisi par le Président de la République, le Premier Ministre, les Présidents des deux chambres parlementaires ou des membres de ces organes (le nombre à préciser, 40 députés ou conseillers, par exemple) sont admis à agir devant le juge de la constitution. Ce dernier doit agir pour défendre les citoyens contre tout abus de l'acte législatif.

En outre, il nous semble audacieux d'ouvrir la procédure de la saisine du conseil à chaque citoyen lorsqu'il estime que l'un de ses droits fondamentaux est violé par une autorité publique. Cependant, il appartient au juge constitutionnel de déclarer recevables uniquement les plaintes sérieuses et dont il espérait qu'elles feront jurisprudence sur le respect des droits fondamentaux.

Enfin, chaque juridiction ordinaire (administrative ou judiciaire) est dans l'obligation de faire appel au conseil constitutionnel avec *un recours pour le contrôle de la constitutionnalité* lorsqu'elle estime qu'une loi est contraire à la constitution. Le conseil constitutionnel doit avoir le monopole de l'interprétation de la constitution pour l'ensemble des juridictions.

On ne peut terminer ce chapitre sans appeler de nos vœux : d'une part, à la ratification de tous les textes internationaux des droits humains et leur garantir une supériorité hiérarchique sur les normes nationales et une application effective. C'est seulement ainsi, que nous mettrons un terme à la vitrine des droits humains et que nous cesserons la comédie de la *bureaucratie des droits de l'homme*[2]. Et, d'autre part, à l'obligation de mettre un terme (sans équivoque) à la violation de la constitution, par un style rédactionnel qui consiste à renvoyer systématiquement aux lois, pour expliciter et donner un contenu aux grandes dispositions constitutionnelles. Une telle

2. Le terme est d'Amnesty International pour qualifier le régime de Ben Ali.

pratique est doublement contestable. Elle est contestable sur le plan juridique car c'est une attitude schizophrénique du constituant qui pose une règle constitutionnelle et autorise en même temps sa violation par le législateur. Elle est également contestable sur le plan politique car elle pose un problème d'éthique démocratique. Cependant, et à dire vrai, ce détournement de la constitution cessera de produire de l'effet avec l'instauration d'un réel contrôle de constitutionnalité.

Conclusion : Pour une République décentralisée

Pour dissiper le brouillard entretenu par la dictature, il faut franchir différentes étapes de compréhension. Partant des ambitions, on doit dépasser le cercle des illusions, pour parvenir enfin aux repères des exigences réalistes.

Une distinction préalable s'impose d'abord entre l'Etat de la République (global) et l'Etat personne juridique. La première notion fait référence à la forme unitaire de notre Etat qui englobe l'ensemble des personnes morales de droit public (y compris les collectivités territoriales) dans une finalité commune, le service de la nation. Quant à la deuxième notion, elle traduit davantage l'appellation du langage courant qui assimile à un acteur un partenaire juridique. Ainsi, l'Etat, personne juridique, peut se mesurer aux collectivités territoriales dans un débat sur le partage du pouvoir, et à la limite dans des rapports de force, tandis que l'Etat de la République dépasse ce niveau de débat, car il assure la synthèse de l'organisation des pouvoirs publics, dans une position supérieure commune à toutes les autorités.

La décentralisation réalise une sorte d'organisation dans laquelle les collectivités locales retrouvent non seulement une liberté décisionnelle, mais également des compétences fonctionnelles leur permettant de s'administrer librement. Pour aboutir à un tel modèle organisationnel, il faut, d'une part, abroger la tutelle exercée par le représentant de l'Etat (wali) et le remplacer par un contrôle de légalité, et d'autre part, reconnaître des domaines d'intervention réservés à chaque collectivité territoriale, et enfin, créer une autre collectivité territoriale intermédiaire entre l'Etat et les communes : le niveau régional peut nous paraître un territoire pertinent. Ainsi, se trouve confirmée la liberté locale, conçue comme une prise de responsabilité des acteurs locaux. Mais cette réforme ne peut réussir que si les élus locaux disposent sur place d'interlocuteurs aptes à dialoguer et à décider au nom de l'Etat. Ainsi, la modernisation des structures de l'administration déconcentrée s'impose alors comme une ardente obligation.

Toutefois, la portée de la décentralisation ne peut se réduire à une technique de répartition des pouvoirs. Sa principale vertu réside dans l'espace de liberté politique qu'elle offre aux citoyens qui seront amenés par leur engagement politique à gérer leurs affaires locales, à donner sens à une véritable démocratie locale. Outre cette finalité civique, l'émergence de cette catégorie de démocratie va permettre également d'inculquer au Tunisien les notions qui ont disparu de son lexique politique : intérêt général, respect de l'Autre, engagement collectif, l'amour de la *chose publique*… Bref, une pratique polico-sociale moderne. On devrait ainsi voir naître un contre pouvoir démocratique apportant rééquilibrage par le bas de l'exercice du pouvoir au sein de l'Etat. Encore un antidote à toute tentative de centralisation et de concentration du pouvoir par un homme ou un parti. Tocqueville a, pour toujours, souligné que la démocratie politique ou administrative, ne peut fonctionner que grâce à la vertu d'une citoyenneté de proximité. (Cette réforme territoriale nécessaire fera ultérieurement l'objet d'une étude plus approfondie).

Ainsi, de même que Christophe Colomb se croyant aux Indes découvrait l'Amérique, de même, le régime parlementaire cherchant l'équilibre et la séparation souple des pouvoirs dans le recul d'un Président omnipotent, nous fait découvrir la réforme de l'Etat et de la société à travers les citoyens, et au-delà du mirage de l'homme providentiel. Ce choc culturel en retour est salutaire. Il faudra du temps, pour que la pratique d'une démocratie parlementaire fasse comprendre que les limites du pouvoir présidentiel correspondent surtout à l'espace qui revient aux citoyens (directement ou à travers ses représentants). Ce constat établi pour les institutions politiques vaut également pour le monde économique.

Annexes

Le droit en action

ANNEXES
Le droit en action

La Révolution étant un processus, chaque étape *révolutionnaire* nécessite un type de regard et d'analyse différent. Après avoir rédigé, en juriste théoricien, la première partie de cet ouvrage qui se veut un éclairage théorique sur ce *réveil de l'histoire* que la Tunisie vient de connaître, c'est en juriste en action (acteur, observateur et expert) que j'ai continué à me coller à cet événement. N'est-il pas le rôle de l'intellectuel que de saisir les conditions et les implications des moments décisifs de création, où le pouvoir d'une volonté collective rompt avec *l'ancien,* pour encourir le risque d'une nouvelle configuration de la réalité ? Cette posture pourrait rappeler un texte de J.P Sartre, *le Plaidoyer pour les intellectuels*[1].

Loin de construire une *pensée globale* sur la période post-révolutionnaire, les articles que je vous propose dans cette dernière partie, cherchent à démontrer la complexité ou la fragilité existentielle de ce processus de construction post-révolutionnaire. La vigilance qu'il

1.J.P. Sartre, *Plaidoyer pour les intellectuels*, Gallimard, 1972.

nécessite pour éviter soit le retour au totalitarisme ancien, soit l'émergence d'un nouveau totalitarisme drapé par la légitimité révolutionnaire, reste la garantie première pour que les idéaux de la Révolution ne soient pas trahis. C'est en effet une période de lutte constante et de résistance à toutes les forces contre-révolutionnaires (qui sont malheureusement nombreuses).

Certainement, on peut dire que ces contributions (qui ont été publiées dans la *grande presse* tunisienne) sont marquées par *leur temps*, c'est-à-dire porteuses des limites qui incombent à ce genre d'exercice (absence de distanciation par rapport aux faits). Certes. Mais plus largement ces articles sont aussi inspirés par un projet politique qui cherche concrètement à asseoir une société plus moderne, plus respectueuse des libertés et surtout plus soucieuse de l'épanouissement collectif et individuel des Tunisiens. Pour moi, à travers cet ensemble de réflexion, il était essentiel de montrer que la démocratie est un apprentissage qui fait *être* les membres de la communauté nationale les uns avec les autres, à l'intérieur d'un nous qui les constitue.

Or dans cette Tunisie post-révolutionnaire, la démocratie et sa pratique ne sont pas encore intériorisées. Elles ne sont encore qu'une possibilité, qu'une ébauche. Elles nous font progresser vers l'Etat de droit. Les définir comme l'incarnation de l'un des acquis de la Révolution, c'est en somme les définir comme les grandes éducatrices d'une citoyenneté à venir. Telle est donc l'obligation citoyenne d'un intellectuel dans une période de toutes les incertitudes (de transition) : se sentir un avec l'ensemble, c'est faire corps avec l'intérêt général tout en pratiquant l'ensemble de ses droits sans concession.

Cet état d'esprit est toute une éducation.

Une telle démarche peut paraître utopique. Qu'importe ! Tout ce qui s'est réalisé de grand dans le monde, ne l'a-t-il pas été au nom d'espérances exagérées ! Et l'hymne national tunisien ne proclame-t-il pas : « si le peuple un jour proclame sa volonté de vivre, le destin doit répondre à sa volonté ? » Nous y sommes.

LES VALEURS DE LA RÉPUBLIQUE : ACQUIS ET PERSPECTIVES

(Texte paru dans le journal *La Presse* du 23/07/2011)

L'incertitude que manifeste la chute de la dictature, la fin des illusions de la stabilité politique, peut inspirer un discours défaitiste et de résignation devant le spectre de la décadence. Notre Nation doit trouver en elle-même les raisons d'entreprendre résolument la grande relève, puisque les difficultés naissent de la lutte entre les choses qui ne savent pas mourir et les choses qui ne peuvent pas encore vivre. Dans ce sursaut, la République, comme ensemble de valeurs, a la mission sacrée d'aider la Nation à orienter l'esprit public vers une vision commune du nouveau monde, à découvrir les chemins de la convergence dans l'action, à favoriser la cohésion que peut seule produire un Etat de droit. Voilà comment les acquis de la République sont invités à servir d'assise pour une société des libertés.

Le discernement devient un sens précieux pour percevoir les marques de l'avenir dans un présent trompeur. Il ne faut pas s'arrêter aux mouvements de surface car seule la raison rythme la réflexion et prospecte l'avenir. A cet égard, notre temps a besoin de référents. Or on constate quand un phénomène va profondément modifier la situation présente à un moment donné, certaines idées forces qui mettent longtemps à s'affirmer, s'imposent tout à coup dans une irruption évidente. Pour pressentir le modernisme de demain au lieu de revendiquer celui d'aujourd'hui, les Tunisiens ont vocation à s'abstraire de l'agitation bruyante entretenue par les tenants de l'intérêt immédiat et du court terme, et à se consacrer à l'avenir de la Nation.

On assiste aujourd'hui à une véritable métamorphose d'une société en travail : la démocratie recherche la liberté en relation avec la participation électorale, l'opinion publique est avide de cohésion, de solidarité, de développement, d'activité, de transparence, bref d'un nouveau modèle de gouvernance. L'ambition nationale dépend de la stratégie politique que les pouvoirs publics sauront imprimer aux affaires du pays. Gouverner consiste, d'une part, à pressentir, à prévoir, à prévenir et, d'autre part, à éveiller les consciences, à accoucher l'avenir, exclusivement selon les besoins et les orientations parfois confusément exprimées par le peuple ou retenues dans son inconscient.

Les acquis de la République sont autant de leviers utilisables pour hâter la naissance d'une nouvelle société, par-delà les scories résultant de la décomposition de l'ancien. Toute réforme est une ressource qui fait appel à un dépassement en profondeur. Quelles sont alors ces forces des profondeurs qui doivent remonter aujourd'hui à la surface afin de mieux construire l'avenir ?

1) Les valeurs acquises de la République

Dans cette période de transition et de mise en cause généralisée, le primat républicain constitue un point fixe dans le mouvement de turbulence. La référence à la sécularisation du pouvoir, à l'émancipation de la femme, à la modernité des mœurs, à l'égalité des chances et à l'unité nationale, demeure un moyen de dépollution de la vie politique en rassemblant les énergies d'un civisme renouvelé par la convergence des actions. En effet, conformément aux orientations de Bourguiba : « quand on veut changer les mœurs et les manières, il ne faut pas les imposer par la force ; il vaut mieux les changer par d'autres mœurs et par d'autres manières. »

2) La République des Libertés

La synergie des forces peut renverser le sens des pentes les plus défavorables. La démocratie, comme la liberté, n'existent pas à l'état naturel, car la réalité du groupe social est traversée de forces de division ou de domination. Pour exister, la démocratie a besoin d'institutions, de cadre, de force. Il faut lui donner toutes les chances en l'organisant.

D'autre part, les idées forces de la démocratie, lorsqu'elle est livrée à elle-même, peuvent se pervertir dans l'anarchie : la libre expression des opinions conduit au tumulte des idées, au choc des intolérances, et la participation dégénère dans le bouillonnement des intérêts contradictoires. C'est donc le rôle de la République, avec le concours de l'Etat, d'organiser le cadre de la démocratie, de faire respecter la volonté et la priorité de l'intérêt général, de donner vie à la liberté en garantissant les libertés, de mettre de l'ordre et de la cohésion dans l'expression fragile et spontanée du peuple. La République, c'est l'armature de l'Etat de droit.

3) La République des citoyens

L'harmonie de la convivialité complète nécessairement le consensus (comprendre ensemble) et la convergence (travailler ensemble), en permettant de vivre ensemble dans l'intelligence de la chose publique. Dans le cadre d'un Etat de droit, le citoyen est titulaire d'une parcelle de souveraineté nationale. Ainsi, la citoyenneté désigne ici un agir politique lié à l'implication des citoyens particulièrement concernés par les affaires publiques. Elle reste, pour la Tunisie, la pierre angulaire d'un projet proprement politique qui ne vise pas seulement à changer le centre du pouvoir, mais l'anatomie de son exercice. Dans une démocratie, le citoyen idéal est avant tout acteur : il prend part régulièrement à l'élaboration des décisions politiques, que ce soit au plan local ou au plan national, et pas seulement le jour des élections. Aujourd'hui plus que jamais, dans notre pays, le citoyen est un homme libre de ses idées et de ses mouvements. Il peut créer sa famille (politique) ou son entreprise et maîtriser en partie les risques qu'il prend ; ouvert aux évolutions, il doit s'entraîner à la souplesse de l'adaptation permanente. Si ce comportement se limite à un repli sur soi, notre société subira le sort de Carthage, dont les citoyens avaient perdu en partie l'envie de défendre les valeurs et le sol sacré de la patrie. Pour un (bon) citoyen de notre temps, il faut donc reconstituer l'enracinement dans la chose publique, en particulier en donnant à la participation la priorité.

Ainsi, paraît se renouveler la notion de citoyen actif que la Révolution a associé à la chute de la dictature. Aujourd'hui, la résistance ne doit plus s'exercer contre l'Etat, mais contre les forces rétrogrades qui menacent notre République moderne. Pour la défendre, il faut décréter la mobilisation citoyenne : *ceux qui veulent* aux côtés de *ceux qui peuvent* et qui oeuvrent sur le terrain. C'est peut-être le moment de citer les meilleurs citoyens à l'ordre de la Nation.

4) La République solidaire

La solidarité républicaine peut revêtir une triple acception. D'abord, elle peut s'exprimer à travers la fonction de redistribution de la richesse en faveur de la population le plus nécessiteuse. Elle peut ensuite, prendre la forme d'une recherche de cohésion pour réduire les déséquilibres économiques et sociaux entre les différentes catégories de la Nation. Enfin, elle peut servir de base à une politique publique : l'aménagement du territoire. En effet, dans sa mission de cohésion et d'unité nationale, la République solidaire a l'ardente obligation de réduire les risques de fracture pouvant se produire entre régions ,évoluant selon des rythmes économiques contrastés. Il est donc nécessaire d'harmoniser les politiques régionales décentralisées et la stratégie nationale (globale) du développement. On assiste à une répartition des charges entre le niveau de solidarité nationale qui relève de l'Etat et celui des solidarités locales qui sont concertées avec les collectivités territoriales. D'où la nécessité de décentraliser l'organisation territoriale de l'Etat.

5) Pour une éthique républicaine

Après un exercice du pouvoir d'une manière dictatoriale, sans valeurs et sans éthique, la République se doit de s'imposer une morale publique. C'est d'abord de façon permanente une double exigence de dignité pour le peuple qui vit en République : la liberté car aucune aliénation des choix de conscience n'est tolérable, ni justifiable par une quelconque autorité, et la participation aux affaires publiques qui exprime le comportement normal du citoyen. En effet, la dignité républicaine, dans cet exercice, s'exprime par ce que les grecs appelaient ascèse, qui se traduit par l'engagement des gouvernants en faveur de l'intérêt général et en faveur de la transparence dans leur modèle de gouvernance.

Ainsi donc, le souffle de la République place le débat sur le terrain de l'idéal de la vie en communauté, donnant un sens nouveau à l'action publique et à la participation civique, et a peut-être apporté une réponse tonique à nos interrogations post-révolutionnaires. Cette énergie revigorante peut nous aider à redresser la tête, et nous encourager *à faire ensemble* une société nouvelle.

DERNIER REGARD SUR LES ÉLECTIONS : IRRÉALISME DES MODERNES ET OPPORTUNISME DES TRADITIONALISTES

(Texte paru dans le journal *La Presse* du 17/11/2011)

La politique est tout à la fois le choix des solutions nécessaires à la satisfaction du plus grand nombre et l'art de rendre leur application possible, c'est-à-dire acceptable sans heurt. A la faveur d'une démocratisation croissante post-révolutionnaire, ces deux missions sont passées, en Tunisie, du domaine de la revendication limitée (à une partie de l'élite opposée à la dictature) à celui de la confrontation collective entre partis politiques. Cette confrontation s'est exprimée le 23 octobre 2011 par le choix opéré grâce à une procédure démocratique, c'est-à-dire par l'élection. Le résultat de cette dernière a donné au parti Ennahda, un parti d'obédience islamiste, une majorité confortable de 89 sièges à l'Assemblée constituante, cet Organe qui aura la charge de mettre en place les fondations normatives de la deuxième République. Plusieurs points de vue s'offrent à la réflexion après ce résultat. Mais une indispensable synthèse passe par la décantation ou plutôt par une sorte de redécouverte d'une réalité, enveloppée jusque-là dans la glaise des sédimentations accumulées par une dictature de 23 ans. Ses conséquences, qu'on se refuse encore à regarder en face, sont inéluctables. Elles marquent le retour d'un référent, que l'on a pu croire un moment éliminé pendant la Révolution, le fait religieux.

Après soixante ans d'une marche séculaire globale, les Tunisiens ont préféré (majoritairement) donner leur confiance à une formation politique qui plaide pour un retour à la tradition, notamment religieuse, plutôt qu'à celles qui prônaient les bienfaits d'une modernisation en action. Sans doute, à l'heure des impressions directes autour de l'événement, où les causes morales et sociales qui les ont déterminées sont encore si vivaces et si chaudes en nous et autour de nous, il est de notre devoir d'essayer d'analyser et de classer, tels qu'ils nous apparaissent, les caractères essentiels ou les raisons principales de cet avènement politique d'importance capitale pour l'avenir de notre pays. Nul doute d'abord que le succès d'Ennahda n'est point usurpé. La réussite électorale de ce parti inspire le respect et le résultat ne peut en aucun cas être rejeté. Point de contestation. Cependant, c'est l'insigne mauvaise foi de certains commentateurs que de se demander, non pas pourquoi et comment les partis laïques et modernistes ont été vaincus, mais pourquoi et comment le mouvement islamiste a gagné, comme si la défaite de la modernité était considérée déjà comme acquise avant de mener bataille. C'est toute l'histoire de ce projet de société et son ancrage politico-social dans notre pays qu'il faudrait reprendre pour faire apparaître pourquoi la défaite aurait pu être évitée, sans ces fatales erreurs politiques commises par les partis se réclamant de la modernité.

1) Le piège identitaire

L'identité culturelle détermine la prédominance d'une certaine configuration des personnalités parmi les individus qui l'ont reçue en partage. C'est un corpus hérité, partagé par les membres d'un peuple et mis au service de l'édification d'une personnalité distinctive. Il ne fait pas l'objet d'une transmission mécanique mais il autoriserait la reproduction d'une culture identique. Et quand ce corpus est fondamentalement construit autour et par le fait religieux, il devient extrêmement difficile et délicat de lui apporter une quelconque relativisation rationnelle. Car le culte de Dieu joue un grand rôle dans la constitution des cultures, notamment lorsque les populations partagent les mêmes symboles, les mêmes mythes et les mêmes critères d'approbation ou de condamnation des événements sociaux et politiques. Avec le triomphe de la démarche rationnelle portée par Bourguiba pour moderniser le pays, les Tunisiens ont appris à vivre leur religion d'une manière séculière. Une ligne de démarcation entre la sphère publique et la sphère privée a été tracée. Dans cette perspective, la sphère publique assure le dépassement des intérêts individuels ou de groupe, elle est le lieu de débat sociétal, tandis que la sphère privée est le lieu de la vie intime, des convictions et des passions religieuses. Or, deux faits politiques majeurs sont venus perturber cette configuration mise en place par un Bourguiba qui, contrairement à Atatürk, a su utiliser la religion elle-même pour mieux l'introduire.

D'une part, l'apparition et la propagation en Tunisie d'un Islam politique identitaire constituent le premier coup d'arrêt à cet équilibre. Cette lecture veut imposer qu'on en finisse avec la double équation associant dans un même projet de société Islam et modernité. C'est ainsi que le premier combat toujours mené par les islamistes cherche à mettre en cause la modernité, comme étant un concept ou un modèle de vie (politique et sociale) importé, qui demeure fondamentalement un corps étranger à l'identité musulmane des Tunisiens. Quant au second fait, il réside dans une pratique dictatoriale du pouvoir qui pendant 23 ans a associé la modernité et la sécularisation à son projet de violation des libertés et de répression des *êtres*, créant ainsi une confusion dans l'esprit de plusieurs Tunisiens entre dictature et modernité. Malheureusement, cette vision a été absente dans le discours des partis laïques. Ils n'ont su dépolluer ni la modernité de la dictature, ni la sécularisation de la question d'identité. Ils sont tombés dans le piège tendu par Ennahda qui s'est présentée devant le peuple en défenseur de son identité arabo-musulmane, longtemps agressée sans scrupule par un dictateur sans moralité. Par sa simplicité, ce positionnement a plu. Il a rendu ainsi par ricochet non seulement le discours sur la modernité inaudible par les Tunisiens, mais également les partis qui s'en réclament complices de l'ancien régime. Sur ce point, les Islamistes ont gagné. Pourtant, ceux qui se réclament avec passion de la nécessité de la langue, de la tradition, des générations successives…, se situent de façon indéniable à la périphérie de la tolérance. Mais peut-il y avoir de démocratie de l'identité?

2) La défaite de la modernité ?

La modernité, si présente dans le débat qui a précédé les élections pour la Constituante, traduit un projet politique réputé universel. Elle reflète les aspirations et les formes d'organisation de la société et de ses membres. Elle se veut expression rationnelle d'une correspondance entre l'action humaine et l'ordre du monde. Elle entend commander l'évolution des Tunisiens vers la prospérité, la dignité, la liberté et le bonheur. Pourtant, cette conception généreuse de la société n'a pas trouvé preneur chez les électeurs du 23 octobre. Les partis qui la défendent n'ont pu mobiliser. Que s'est-il passé ? Quelles sont les raisons de cette désaffection ? Pour aborder ces questions sur un horizon clarifié et constitué, nous croyons avoir absolument besoin du mot *malentendu.* C'est lui qui désigne le décalage créé entre cette offre politique et ses électeurs potentiels.

Après la Révolution, lorsque l'on parle de modernité, on vise surtout un système politique qui intègre à son organisation la contestation et la contradiction, permettant ainsi à des opinions diverses sur la destinée collective d'affirmer leur force et d'entrer en interaction avec d'autres opinions représentatives de différentes tendances sociales. Cette conception de la démocratie est intimement liée à la sécularisation du pouvoir. Sans séparation entre le temporel et le spirituel, pas de modernité. Ce point serait le compromis où chaque individu parviendrait à obtenir le maximum de libertés dans ses choix personnels. Le problème majeur qu'a dû affronter un tel projet est celui de son contact avec le réel. Il est resté, malheureusement, imperméable à une grande majorité de nos compatriotes. Ils ne l'ont pas soutenu car ils ne l'ont point compris. Ont-ils renoncé pour autant à être modernes ? Evidemment, la réponse est non.

Un système de valeur (tel que la modernité) peut intervenir à titre de point de repère pour l'organisation sociétale. Toutefois, il ne peut à lui tout seul représenter un projet d'action politique, ni même le principe d'élaboration d'un programme. Car il n'envisage qu'une partie des attentes des Tunisiens. Il les restreint à une structuration normative de la société et ignore complètement les problèmes économiques et sociaux dont souffre le pays réel. De ce fait, cette offre politique a échoué dans une sorte de production certes volontariste, mais naïve de nouvelles structures sociétales. Elle a feint d'ignorer que le besoin premier du Tunisien post-révolutionnaire était plutôt l'amélioration de ses conditions de vie qui n'ont cessé de se paupériser. *L'embolie* de la dictature a produit l'éclatement de l'ancienne conscience sociale dépouillée, en pratique, de toute référence possible à un ordre généreux et solidaire. Pour la première fois, les inégalités (entre les *êtres* et entre les régions) et la souffrance de nos compatriotes apparaissent dans toute leur nudité. Dès lors, un discours sur la modernité dépourvu de solutions généreuses à toutes ces préoccupations ne peut qu'apparaître décalé et sans portée politique. D'autant plus que l'idée d'un homme absolument socialisé, pleinement heureux, libéré de toute aliénation religieuse et prêt à être totalement dans la modernité a déjà été servi aux Tunisiens par la dictature. Dans cette situation, il aurait fallu sortir la modernité de son ghetto simpliste en lui donnant une dimension humaine plus généreuse et plus solidaire, afin qu'elle cesse d'être perçue par les Tunisiens non seulement comme un accessoire de la dictature, mais surtout comme une agression symbolique de leur identité.

Ainsi, la désaffection de l'opinion à l'égard de ce projet de société découle plutôt des erreurs, constatées dans la pratique et dans les comportements de ceux qui étaient chargés de le rendre accessible à notre peuple. L'emprise de l'esprit partisan les a éloignés de l'objectif démocratique que vise la modernité et le bien-être séculier de leurs contemporains. Mais rien n'est définitivement perdu. Depuis la Révolution, la Tunisie s'est engagée dans un processus démocratique dont les élections du 23 octobre ne sont que la première pierre d'un édifice qui prendra, certainement, des décennies pour être achevé. Sauf trahison, d'autres compétitions électorales sont en perspective. Une offre alternative, ayant la modernité comme matrice, a toute sa place dans notre espace politique. Cependant, il appartient à ceux qui vont la porter de la rendre moins sectaire, moins élitiste et donc plus ouverte. La modernité est un combat permanent pour les libertés et pour le *mieux vivre* des populations. Elle doit passer par un changement de dialectique. L'affrontement traditionnel (entre Islam et modernité) doit faire place à la pédagogie réformatrice qui va plus loin dans l'explication et le dialogue. L'essentiel, n'est point la croyance cultuelle, mais la croyance en un avenir (économique et social) meilleur. Elle doit être inspirée par une éthique de la participation qui privilégie l'exercice collectif de la responsabilité et exige qu'on prenne les moyens tant économiques que politiques de sa réalisation. Plus largement, ces considérations doivent être l'objet d'un projet politique qui cherche concrètement à évoluer vers le pouvoir du plus grand nombre, entendu comme restructuration de l'ordre social dans son ensemble. Symboliquement, il sera très important de contribuer à une autre approche de la modernité. A la place de la confrontation basée sur son opposition à l'Islam, il est essentiel de montrer que ce modèle de société s'est construit ailleurs sans conflit avec les croyances individuelles. Et qu'il n'y a nullement *un* modèle (de modernité) imposé. Il y a une conception constructive de ce modèle entre ce qui est recevable du point de vue de l'universalisme minimal, et ce qui doit être rejeté précisément parce que ça renvoie, en Tunisie, à l'extrême férocité d'une élite méprisante et à l'accaparement par une oligarchie religieuse, politique et médiatique de *l'identité nationale*. C'est seulement ainsi que la modernité en tant que projet politico-social nous fait traverser les dédales de la société et nous fait vite aspirer vers le sommet, là ou souffle l'esprit de la prospective.

ENNAHDA FACE À ELLE-MÊME ?

(Texte paru dans le journal *La Presse* du 09/11/2011)

Au lendemain de l'annonce du succès du parti Ennahda aux élections, une bonne majorité des Tunisiens est dans un état d'interrogation à l'égard de cet inconnu qui va nous gouverner. Elle oscille encore entre confiance et méfiance. Faut-il faire confiance à ce parti et lui attribuer le bénéfice de la résistance à la dictature ? Car, en principe, un parti qui a souffert de l'oppression ne peut point trahir la liberté qui l'a portée au pouvoir. Ou la rejeter ? Et donc ne point lui faire confiance car idéologiquement et structurellement Ennahda ne peut pas être en compatibilité avec les principes de la démocratie.

Cependant, même si ce doute est légitime eu égard à l'enjeu politique de l'arrivée d'un parti islamiste au pouvoir en Tunisie, il est de la responsabilité de chacun d'entre nous de ne point contester le résultat. Ennahda a gagné démocratiquement sa place et son statut de parti majoritaire dans l'Assemblée constituante. Et c'est autour d'elle, et avec elle, que la majorité qui va gouverner le pays va se constituer. Point de doute. Reste à savoir qui sont ces Ennahdaouis qui vont nous gouverner ? Quelle est la typologie de ce parti jusque-là clandestin ? Comment est-il structuré ? Et quelles sont les forces politiques qui le composent ? C'est de la réponse à ces nombreuses interrogations que dépendra notre confiance ou notre méfiance.

1) La typologie du mouvement

Ennahda est désormais un parti de gouvernement. Il n'a plus à se cacher. La mouvance doit paraître, à la majorité qui lui a fait confiance en votant pour elle et à tous les Tunisiens, à visage découvert. Finis la clandestinité et le fantasme qui entoure son mode de fonctionnement. La transparence est désormais de mise. Car, si l'on admet le principe que gouverner c'est aussi communiquer, on ne peut tolérer l'opacité. On comprend alors quel service fondamental rend l'analyse de la typologie de ce parti aux Tunisiens. Elle a pour mission essentielle de rendre la composition de cette formation politique plus accessible et donc plus compréhensible par tous.

En effet, contrairement aux apparences, Ennahda n'est point un bloc monolithique. Il est un parti pluriel. Il est un assemblage de courants politiques qui se fédèrent autour d'une certaine conception de l'Islam politique. Il s'agit d'une formation composée à la fois d'islamistes modérés, d'islamistes proches des frères musulmans et d'islamistes fondamentalistes. Seul le traitement du réel par le mythe les réunit. Un tel rassemblement procède du projet politique. Ainsi, dans le projet islamiste le recours au mythe de l'unité s'offre-t-il comme ultime solution à toutes les divisions qui caractérisent les autres partis politiques. Décomposé, le parti est plus faible que vivant et institué. Il devient imprévisible, sans discipline dogmatique, il ne transmet plus sous un rituel unitaire sa force réelle ou supposée. C'est l'indivisibilité qui devient le symbole d'une puissance politique autour de laquelle se déchaînent les forces destinées à conquérir le pouvoir. Et, c'est cette unité, dans l'apparence qui a rendu ce parti séduisant aux yeux de plusieurs de nos contemporains, qui face à l'émiettement du paysage politique, et ne sachant pas pour qui voter, ont choisi Ennahda.

Or cette unité n'est point un fait immuable. Ennahda est un contenant à contenu variable. Sa composition est traversée par des courants contraires. Dans sa structuration réelle, elle est loin de l'image qu'elle cherche à donner d'elle-même. Son unité est vulnérable. Et plus le pouvoir se rapproche du mouvement, plus les dissensions se font jour. Entre M. Jbali, par exemple, chef de file des victimes de Ben Ali et M. Ghannouchi, chef du canal historique du mouvement, la passerelle semble parfois rompue. Entre les cadres qui étaient en exil, en Europe notamment, et les militants de base du parti, la déconnexion est énorme : ils ne parlent pas le même langage et ne soutiennent pas les mêmes thèses. Mais la symbolique du Un dans ces mouvements est d'une importance idéologique : Dieu est Un, le Prophète est Un, le parti qui constitue leur porte parole doit être Un et apparaître à tous comme indivisible. La fitna les obsède. Il faut donc tout faire pour éloigner ses causes. Mais ce déni de la division ne résistera pas longtemps à l'épreuve du pouvoir. Car l'équation qui lui a garanti l'équilibre dans la clandestinité n'est plus actuellement tenable. Il y a semble-t-il désormais plus de choses qui les dissocient que de choses qui les rassemblent. Alors qui sont-ils ces courants ?

2) Une composition fragmentée

Il y a d'abord ceux qu'on ne cesse de qualifier de modérés. Ils constituent une partie importante de la direction du mouvement. Ils sont plus proches, par leurs idées et leur conception de la politique, de l'AKP. Parti actuellement au pouvoir en Turquie, qui a compris que pour permettre à un mouvement d'obédience islamiste de gouverner, il faut qu'il accepte non seulement de diluer son extrémisme, mais surtout de se fondre dans les pratiques de la démocratie. C'est cette composante qui sert aujourd'hui de vitrine à Ennahda. Elle cherche à rassurer et ne point effrayer ni les Tunisiens ni nos partenaires et amis étrangers, qui ont les yeux braqués sur notre pays. L'ultime objectif, ne pas laisser subsister de doute sur la respectabilité du mouvement, sur sa bonne foi et sur sa compétence à gérer convenablement le pays. Pour ce faire, toutes les concessions sont permises même celles qui sont aux antipodes de leur mode de pensée. L'essentiel : il faut faire bonne figure.

En second plan, vient le courant classique des frères musulmans. Ce courant est plus proche du *Hamas* palestinien. Le chef de file de cette obédience est Rached Ghannouchi. Plus rigoureuse, moins modérée, cette mouvance fait peu de concessions à la modernité. Elle cherche à imposer un retour intégral à l'Islam. Son objectif vise à mettre en pratique politique la totalité du dogme, ce qui définit *le fondamentalisme* au sens étymologique du terme. Le libéralisme qui infiltre leur discours est un fait maîtrisé. Il constitue une démarche consciente pour intégrer des éléments étrangers à leur corpus théologique. La loi, le peuple, la souveraineté, ne représentent rien pour eux. En Islam, ce n'est point le peuple, mais la communauté des croyants, la Umma, qui symbolise le fondement théologico-politique de l'entité collective. La souveraineté ne peut être associée ni au peuple ni à la loi, il n'y a que Dieu qui est souverain. Et depuis que M. Jbali s'est déclaré candidat au premier ministère, les déclarations provocantes de M. Ghannouchi sur l'application de la *charia*, le rejet de la langue française en la traitant de pollution…, montre bien que les deux hommes et les deux courants n'ont pas la même stratégie. On entend déjà le premier craquement d'un mouvement bientôt promis à d'immenses bouleversements. Ce courant *frères musulmans* veut rétablir l'unité des esprits pour sauver le parti. Il s'est emparé des thèmes fondateurs de l'Islam politique, par exemple, la charia et son application, les valeurs morales de l'Islam et sa nécessaire traduction en principes politiques… en fait chez lui prétexte à une dénonciation obsessionnelle de la modernité. Les frères en gloussaient de plaisir.

La dernière des composantes d'Ennahda, elle est de loin la plus importante, c'est la base du mouvement. Ces militants, qui ont assuré par leur engagement et leur abnégation le succès sans conteste du mouvement, sont encore en attente d'un geste fort et symbolique démontrant l'ancrage du mouvement dans sa tradition islamiste. Car la base d'Ennahda est plus radicale que ses cadres. Elle est plus attachée à l'Islam traditionaliste qu'à une pratique modérée de la religion. Ainsi, au moment même où elle dénonçait la laïcité comme ruineux pour notre culture, cette base militante semblait s'ériger elle-même en vivante confirmation de la thèse radicale islamiste et prouver la prédominance absolue, en politique et en histoire, des préceptes religieux de l'Islam. Reprenant une tradition des siècles des conquêtes, celle des califats, celle de l'Islam *authentique*, elle se trouve prête aujourd'hui à épouser des thèses radicales. Car, ce qu'on appelle *réalisme,* dans le langage de cette mouvance, ce n'est pas loin d'être au fond du salafisme lui-même, envisagé aussi bien du point de vue de la pensée que du point vue de la pratique. Et ce phénomène se produit au moment même où le mouvement accède au pouvoir. La base va être intransigeante et le sommet sera obligé tôt ou tard d'en tenir compte ; soit d'aller dans son sens au risque de se trouver en totale contradiction avec ses premières promesses ; soit de la contrarier au risque de se trouver coupé de sa masse militante. Grand dilemme. Mais il y a plus : à peine le parti s'est déclaré victorieux que la base aspire à s'assurer l'avenir qu'elle prétend être le sien. Elle veut s'ériger elle-même en valeur morale ; et, par là, c'est elle-même qui ressuscite l'authenticité. Elle est contrainte d'agir et d'imposer. Comme le fait d'empêcher une enseignante d'assurer son cours à l'Université car elle était vêtue d'une jupe ou interdire à une autre d'enseigner un cours d'éducation religieuse car elle n'était pas voilée… Ce genre d'incident va, malheureusement, se multiplier dans un avenir très proche.

Dès lors, il appartient à la direction du parti d'empêcher de tels débordements. A-t-elle réellement les moyens ? Peu importe la réponse à cette question, le mouvement se trouve aujourd'hui au milieu du guet. Il doit gérer non seulement l'ensemble du pays et ses énormes problèmes en souffrance, mais également ses propres contradictions qui constituent pour lui une réelle bombe prête à exploser à tout moment. La tâche n'est point simple. Elle est énorme. Ennahda peut-elle rester unie jusqu'aux prochaines élections ?

L'AFFAIRE DE LA FACULTÉ DES LETTRES DE MANOUBA : RETOUR SUR UNE OCCUPATION PAS COMME LES AUTRES

(Texte paru dans le journal *La Presse* du 12/01/2012)

Ce qu'il est désormais convenu d'appeler l'affaire de la Faculté de Manouba n'est point un sit-in ordinaire. Il est un gallot d'essai pour tester la capacité de résistance de notre société à défendre ses acquis. Dans cette affaire, la volonté des salafistes est manifeste, avouée, éclatante, dans tous leurs actes comme dans toutes leurs déclarations. Le culte de la force et de la violence est leur devise. Et le degré même de la minutie de la préparation agressive de cette occupation le prouve surabondamment. Il faut avoir la mémoire bien courte et l'adaptation à la défaite bien prompte, pour oublier que ces personnes qui ont occupé un établissement public d'enseignement supérieur n'ont point hésité à agresser physiquement un cinéaste, violenter une autre (cinéaste) et faire en toute impunité œuvre de police de la vertu. Ce sont également les mêmes qui veulent, sans crier gare, *talibaniser* notre pays.

Pièce par pièce, ils cherchent à démolir toute l'œuvre de notre République qui avait cimenté tant de sang répandu. Laisser encore écraser un lieu de savoir serait non seulement manquer à une dette d'honneur, mais perdre décidément toute notre crédibilité de Tunisiens libres. En fait, nous nous trouvons en face d'une tentative d'hégémonie rétrograde, à une reprise du rêve d'un Islam totalisant. Les salafistes ne reconnaissent ni négociation ni médiation. Ils sont adeptes de la force. Ils profitent d'un affaissement intime de l'énergie nationale, en contraste avec l'endurance et la ténacité dont notre peuple a fait preuve pendant la Révolution, pour lui imposer un modèle de société qui n'est pas le sien. Et le silence de nos dirigeants (issus de la troïka) à l'égard de cette *colonisation* (d'un espace public protégé) en témoigne plus encore. On dirait un échafaudage en apparence intact, mais dont le bois est intimement pourri et qui s'écroulera tout entier, au premier choc. Ces conséquences, qu'on se refuse encore à regarder en face, sont incalculables. Elles pourront marquer la fin d'une spécificité tunisienne, qu'on a pu, malheureusement, croire un moment définitive.

Mais, au premier abord, le plus déconcertant dans cette affaire, c'est le retournement furieux, non contre ceux qui occupent illégalement un établissement d'enseignement public privant ainsi des milliers d'étudiants d'accéder au savoir, mais contre l'établissement-victime. Du jour au lendemain, il fut entendu que la faculté de Manouba était responsable de ses propres malheurs, et la seule coupable de ce qui lui est arrivé. Et qu'il lui faut ,au plus grand profit de ses agresseurs, répéter inlassablement son mea culpa, et renier toutes ses valeurs, son idéal et sa mission séculaire. Aussi, on a voulu la pousser petit à petit à abdiquer et à se rapprocher de ces fondamentalistes et travailler loyalement avec eux afin de trouver un terrain d'entente. Et tous les actes (ou plutôt les non actes) de ce gouvernement et de ses chefs, sinon de tous ses agents, semblent prouver, hélas, l'opportunité de cette option. Une telle position constitue la plus brusque, la plus complète, ne faut-il pas dire aussi la plus déshonorante, capitulation morale post-révolutionnaire. Elle aurait entraîné l'écroulement, et pour longtemps, des valeurs de notre Université.

Toutefois, au-delà des faits observables, que cache l'occupation agressive de la faculté de Manouba ? Quels sont ses enjeux ? Et que veulent réellement ceux qui ont mené ce sit-in ? Ces questions sont lourdes et les réponses passionnées qu'elles susciteraient reposent dans notre pays sur des positions rendant le débat houleux. Car elles touchent un postulat qui semble lourd de conséquences depuis la Révolution : l'avenir de notre modèle de société. C'est donc bien de ce point de vue politique pur que doit être envisagée avant tout l'analyse de la situation présente. Occuper un établissement universitaire n'est point acte anodin. Ce geste constitue une option politique à travers laquelle ses instigateurs ont voulu exprimer une conception idéologique. Cette idéologie semble relever pour l'essentiel d'une double revanche : une revanche sur la modernité, d'une part, et une revanche sur les femmes, d'autre part.

1) Le salafisme ou l'anti-modernité en action.

Le salafisme (aussi bien comme mode de vie que comme pratique religieuse) ne prend tout son sens qu'enchaîné au rejet de la modernité et à ses conséquences sur la matrice démocratique. Il met en cause, en effet, la réponse séculière de la séparation entre le temporel et le spirituel qui cherche à garantir notamment deux principes fondamentaux que sont la liberté et l'égalité. D'une part, la liberté, indissociable de la séparation du public et du privé, est supposée réserver l'espace intime aux expressions particulières. L'espace public, identifié à la Raison, protège le politique de toute immixtion du religieux. D'autre part, l'égalité, quels que soient ses liens avec la problématique de la liberté démocratique, vise à garantir à chaque individu un traitement sans différentiation.

Cela conduit à s'interroger sur le modus operandi du salafisme. L'imaginaire lié au salafisme opère à base d'enfermement sectaire. Il rejette l'Islam traditionnel tunisien. Cette religiosité ritualiste et apolitique ne leur donne point de satisfaction. Car cet Islam nourrit un repli sur le privé au nom de la foi et, surtout, au nom de la prise en charge de soi, le pratiquant ne peut imposer les lois islamiques aux autres : bien au contraire, il doit trouver un compromis avec eux pour pouvoir pratiquer sa foi en toute quiétude. Or, l'un des présupposés de base du salafisme est que l'espace public, lieu du politique sécularisé par excellence, doit être saturé par le particularisme religieux. Cette vision définit comme politique tout ce qui a essentiellement trait au religieux. La religion se voit accorder le rôle clé dans la structuration de l'identité publique des sujets. Ils doivent tous être membres de la communauté des croyants. Et tout ce qui contredit les présupposés de cette représentation est discrédité comme étant une occultation de l'Islam.

Cette religiosité totalisante accorde aux esprits qu'elle imprègne la capacité illimitée d'envahir tout ce qui relève du champ public, à transformer le moindre geste public même insignifiant en un acte doté d'un sens religieux d'une importance centrale. La modernité est constituée en adversaire, la démocratie est montrée du doigt, le vote est emphatiquement stigmatisé au risque de discréditer le champ politique institutionnel dans son ensemble. Résultat, cette idéologie opérant de manière binaire (le bien et le mal ou le bon et le mauvais), aboutit forcément à l'exclusion d'une conception moderne de la citoyenneté. L'affaire de Manouba montre clairement la spécificité de ce type d'Islam. Les jeunes filles qui revendiquent le *voilement intégral* cherchent à imposer ce mode *d'être* comme une posture normale de féminité. Le *niquab* est, en l'occurrence, l'expression d'une soumission à une loi qui ne peut faire l'objet d'aucune discussion. Dès lors, son port étant la part centrale de leur identité (féminine), il ne doit nullement coller à la ligne de partage qui sépare l'espace public de l'espace privé. Partout, cet accoutrement doit être imposé. Point de concession. Ainsi, au nom d'une pratique religieuse totalisante, un processus de *talibanisation* de notre société s'est mis en marche. D'où l'obligation de vigilance citoyenne.

2) Le salafisme ou l'universel sans les femmes

Pour le salafisme, la non-équivalence de deux sexes (et l'infériorité du sexe féminin qui en découle) est une hypothèse si évidente qu'elle serait incontournable. Cette idéologie pose, en effet, la différence des sexes comme la première des différences. Elle serait même le fondement structurel de la société. Ainsi, une femme ne peut être reconnue comme individu à part entière au même titre que les hommes. Sa domination, sous des formes très diverses, présenterait alors un caractère à peu près universel et indiscutable.

Dans leur représentation, la femme est seulement un corps. Un corps qu'il faut cacher, refouler, car il constitue une source insupportable de tentation. Donc, le couvrir devient une obligation vitale afin de prévenir l'éveil du désir masculin. Un contrôle social et cognitif va alors s'instaurer. La burqa et le niqab serviront de moyen pour marquer visuellement la présence féminine dans l'espace public. Ils vont établir des frontières réelles et symboliques entre la femme et le monde extérieur. Prisonnière dans ces étoffes, cette femme-fantôme doit accepter son statut de *Aoura*. Tout son *être* (son existence, son corps…) est frappé de stigmatisations et d'interdictions. Elle est considérée comme une *chose*. Une *chose* inférieure. Elle ne peut ni penser, ni agir… par elle-même. Sous une tutelle globale, elle dépend de son père, de son mari et à défaut de son frère. Porteuse d'un risque sérieux de déshonneur et d'impureté (aussi bien pour la umma musulmane que pour la famille), la femme doit être continuellement surveillée. Et la meilleure des surveillances, c'est la rendre dépendante en lui inculquant l'idée de soumission. Il faut l'amener, en effet, à s'imaginer libre et heureuse dans son infériorité. C'est dans ce sens que le salafisme s'apparente réellement à une secte aliénante.

On le voit donc, ce système révèle ainsi tour à tour la dangerosité de ses fins. Le fantasme réducteur de la femme sur lequel il s'articule et la vision délirante du corps féminin qu'il véhicule, nous renvoient à un obscurantisme d'une extrême gravité. Les Tunisiennes ont cru que ce temps était révolu. Et qu'on ne peut, avec les avancées que notre pays a connues sur ces questions, revenir en arrière. Car elles se sont battues pour que leur existence ne soit point réduite à un corps *désiré*. Deux mots sont profondément chargés de sens : *Liberté* et *Egalité*. Deux principes sur lesquels s'est basé tout le processus bourguibien de l'émancipation de la femme. Naïvement, nous avons pensé que le Code du statut personnel va mettre le modèle à l'abri de toute tentation réactionnaire. Foutaise. Malheureusement, rien ne semble plus menacé que cet acquis.

La Révolution semble marquer pour les Tunisiennes un recul certain. Elles paient collectivement la haine des intégristes de leur liberté acquise et de leur émancipation conquise. Malheureusement, ce pouvoir des femmes, beaucoup d'hommes Tunisiens s'en méfient. Ils le regardent comme une des perversions majeures du régime bourguibien. Ils suivent ainsi inconsciemment les salafistes et autres fondamentalistes qui séparent les sexes et les sphères, assignant aux femmes la transmission des moeurs et aux hommes la confection des lois. Cette complicité passive doit être dénoncée et combattue. Il ne faut pas se tromper de combat. Si le rempart (le statut des femmes dans ce pays) cède, tel un tsunami, la vague va emporter tout le reste. Il n'y aura plus de Droits fondamentaux pour tout le monde. C'est pour cette raison que l'affaire de la Manouba est grandement importante et symbolique. Et les salafistes ne se sont point trompés en s'attaquant à un lieu où on confectionne l'intelligence et où on en dispense un savoir, et pas n'importe quel savoir, un Savoir Rationnel. Donc encore plus de vigilance.

Nous ne pouvons conclure ces lignes sans revenir à la déclaration malheureuse de l'actuel Président de la République. Droit dans son *burnousse* Marzouki réduit le statut de la femme Tunisienne à un modèle de différentiation d'accoutrement. Erreur historique. Et cette erreur est d'autant plus grave que, depuis les élections, notre société est travaillée par une tension entre nature et culture. Et celles des femmes occupent une place spécifique. Elles ne sont ni une classe sociale, ni un groupe, ni une minorité mais une composante de l'humanité. C'est encore sur l'épouvante, en face des revendications féminines, qu'on fonde notre prétendue renaissance morale. On croit pouvoir faire plaisir aux fondamentalistes en traitant nos mères, nos sœurs, nos épouses et nos filles, libres et modernes de *safirates*. Encore une erreur. Une Nation qui ne respecte pas ses femmes est dépourvue de dignité. Ce sont ces *safirates* qui donnent sens à notre tunisianité. Ce sont encore elles qui ont sorti la femme tunisienne du *harem* moyen oriental. Elles sont la dignité de notre Nation et la fierté de notre indépendance. Point.

LE 9 AVRIL : LES TROIS GRAVES ERREURS DU GOUVERNEMENT

(Texte paru dans le journal *La Presse* du 16/04/2012)

La politique est tout à la fois le choix des solutions nécessaires à la satisfaction du plus grand nombre et l'art de rendre leur application possible, c'est-à-dire acceptable sans heurt. Malheureusement, ces deux missions n'ont point été le fondement de la décision du ministre de l'Intérieur quand il a interdit l'avenue H. Bourguiba à l'exercice d'une liberté péniblement acquise : celle de manifester sans entrave. Et si la motivation d'une telle décision est tellement obscure, c'est bien qu'elle est un nœud de ressentiment et d'ambiguïté. Sa dangerosité est de fonder sur un a priori juridique contestable, une vue politique singulièrement cavalière de la réalité. En fait, elle exprime sous une forme critiquable une expérience manifestement insuffisante de maintien de l'ordre. Conséquence, le désordre s'est succédé à l'ordre. A la légitimité s'est succédé l'arbitraire. En quelques heures, un régime issu des urnes a fait revivre à des Tunisiens, manifestant pacifiquement, la même brutalité policière que celle qu'ils ont cru avoir définitivement chassée de leur espace politique par *coup* de Révolution. D'ailleurs, chaque règne ne peut s'établir que lorsque le précédent a terminé sa mission historique. L'emploi d'une telle violence est le signe certain que le monstre n'est point encore mort. A tout moment, il peut resurgir des ruines et recommencer. A qui la faute ?

A lire, en effet, les innombrables développements et analyses consacrés aux faits qui ont ponctué la noire journée du 9 avril, il apparaît que la responsabilité des forces de l'ordre l'emporte de loin sur les autres catégories des fautifs. Il est logique que les agents de police impliqués directement dans la production de cette violence désincarnée en assument une part importante des reproches. En revanche, il est quelque peu surprenant que l'on néglige les décisions et les arrières pensées politiques qui ont servi de fondement à cette horrible tragédie. A l'heure où le ministre s'apprête à *arroser* les médias par des preuves *irréfragables* et à les irriguer par des photos censées être *compromettantes*, la vérité est moins de mise que jamais. En réalité, ce qui est à l'origine de ce drame politique n'est qu'une succession d'erreurs d'appréciation commises par un gouvernement qui voulait jouer une nouvelle partition. Ces types d'erreurs, au-delà des personnes qui les ont commises, nous semblent emblématiques de la conception que le gouvernement actuel se fait du politique, et plus encore de sa volonté d'en finir avec une certaine culture de la politique menée jusque-là. Parmi les erreurs liées à cette noire journée du 9 avril, il en est trois qui, en dépit des apparences, ont joué un rôle déterminant.

1) Une erreur d'appréciation symbolique

A chaque Révolution ses symboles : La place *Tahrir* en Egypte, la place de la *Bastille* en France et l'Avenue *H. Bourguiba* en Tunisie... Que serait la Révolution de notre peuple sans l'occupation de cet espace ? Même sur le plan étymologique, ce qui différencie une révolte d'une révolution n'est-elle pas la capacité de cette dernière à sortir la contestation populaire de sa périphérité territoriale en la rendant visible par l'occupation (sans relâche) de l'espace central de la ville. Ainsi, cette avenue, cœur historique de Tunis, est devenue, après la chute de la dictature, le cœur de la Révolution. Dès lors, le *dégage* qui a raisonné sur cet emplacement ne peut en aucun cas être sacrifié sur l'autel de la nécessité du maintien de l'ordre. Et les *plaintes* déposées par des commerçants qui prétendent être excédés par la saturation politique de cette artère urbaine ne peuvent légitimement contrebalancer le poids symbolique qui consiste à venir exprimer sa joie ou ses frustrations dans et à travers ce lieu. A notre avis, c'est la première grave erreur d'appréciation de ce gouvernement.

Il a complètement omis de prendre en considération la force attractive de ce symbole révolutionnaire Il a oublié que la création d'un imaginaire (révolutionnaire) s'enracine en effet dans l'affectif et le mystère. Ce fétichisme se nourrit de symboles fondateurs *bricolés* à partir d'éléments variés. Et l'emplacement territorial de l'évènement (même s'il s'est déroulé par ailleurs), en constitue une source d'inspiration déterminante. Car dans l'inconscient populaire, cette portion du territoire valorise le principe de liberté et affirme la primauté de la démocratie perçue désormais comme le nouveau fondement de la société. Aussi, interdire son accès, c'est purement et simplement un retour en arrière. C'est en fait vouloir actionner le processus de la contre-révolution. La hantise de tout un peuple.

2) Une erreur d'appréciation politico-juridique

Les préoccupations de maintien de l'ordre ont de tout temps justifié l'intervention de l'Etat en matière de sécurité. Il s'agit alors de véritables mesures de police dictées pour prévenir les troubles à l'ordre public. Il n'y a rien d'étonnant à cela, car les nécessités de l'ordre public sont essentiellement variables. Il faut donc qu'elles puissent être appréciées à tout moment. Mais alors il y a un très grave danger, car une déformation toute naturelle peut pousser les autorités de police à prendre les moyens pour les fins et à méconnaître en fait les principes de l'Etat de droit. La formule : *la liberté est la règle, la restriction l'exception*, tend à s'opposer à ce danger. Il faut que la restriction de police, quand elle intervient, laisse subsister le principe, et le principe, ce doit être la liberté. Tout est donc question d'équilibre. Ainsi, l'ordre républicain garanti par l'Etat, c'est d'abord au minimum l'absence de troubles, mais il vise essentiellement à atteindre le degré supérieur de la paix civile, harmonie résultant de l'épanouissement des libertés publiques et individuelles.

Dès lors, le *bon ordre* républicain ne peut être qu'un ordre naturel ressenti comme tel par l'ensemble de la société et défendu d'une manière impartiale par un gouvernement au-dessus de tout soupçon. Le consensus et le dialogue apparaissent ici comme un élément composant l'ordre public, si l'on veut promouvoir le *vivre ensemble en bonne intelligence* suprême finalité de notre Révolution. En effet, l'usage de la force publique cesse alors d'être la panacée. Il devient le dernier recours conditionné par l'exigence de la nécessité. Aussi, une intervention de police n'est légale que lorsqu'elle est nécessaire. C'est la nécessité qui conditionne aussi bien sa légalité que sa légitimité. Donc, elle est à construire pour l'avantage de tous, et non pour l'utilité tactique de ceux qui exercent le pouvoir. En définitive, il ne serait pas suffisant de maintenir un ordre statique dont la fixité pourrait susciter le rejet populaire. Il appartient au gouvernement de favoriser un ordre dynamique plus juste et reconnu par les citoyens comme non partisan. D'où la nécessité de mettre en place des procédures de concertation pour faire vivre tous les principes démocratiques et substituer le débat au combat. Au contraire, le gouvernement a décidé de mener le combat contre les manifestants. Il a même chargé sa *milice* de venir corriger les opposants. Encore une grave et dangereuse erreur qui nécessiterait un développement plus long qui dépasse la cadre de cette réflexion.

3) L'erreur d'appréciation historique

La dernière erreur, comparativement aux autres, nous paraît plus grave. Elle transpire le dogmatisme. Elle exprime de la part du parti majoritaire au pouvoir, une volonté politique de ne pas assumer les dates clés qui ont jalonné l'histoire moderne de notre pays. Plusieurs faisceaux d'indices convergent dans ce sens. Le gouvernement n'a point célébré le 20 mars, fête de notre indépendance. Sur le plan officiel, la date est quasiment passée inaperçue. Et il s'apprêtait à faire de même pour le 9 avril, fête des martyrs. D'où l'interdiction et la fermeture de l'avenue H. Bourguiba aux manifestants. Et l'ordre qui a été donné aux forces de police de réprimer sauvagement les récalcitrants, n'est en réalité que l'expression de ce rejet. Que cache ce déni ? Une option politique qui consiste à revisiter la mémoire de notre Nation. Pour eux, tout est à réécrire. Notre passé n'est pas le leur. Ils ne veulent point l'assumer. Leurs fêtes sont autres et leurs héros ne sont point les nôtres. En terme savant, on nomme cette pratique de *révisionnisme*.

La lutte mémorielle n'est pas un vain mot. Pour le mouvement Ennahada, renaître politiquement, c'est d'abord rejeter, c'est-à-dire attaquer et détruire. Détruire le passé et rejeter une mémoire qui a été confectionnée sans elle. L'affirmation de nouvelles valeurs n'est jamais la simple conséquence logique des précédentes.

Elle implique toujours leur négation. Le projet politique de ce mouvement étant l'islamisation par le bas de la société, cela exige alors de saturer la mémoire collective par d'autres fêtes, d'autres dates et d'autres communions en lien avec sa matrice idéologique la religion. Plus profondément encore qu'il ne nous a paru jusqu'ici. La négation de ces étapes mémorielles lui apparaît comme la condition nécessaire de sa propre libération. Le trait le plus caractéristique de la conscience d'un nahdaoui est sans doute que la foi en Dieu y implique la fin de la foi en la patrie et la foi en l'umma y implique également la fin de la foi en la nation.

Or la Tunisie est un vieux pays et l'expérience de son peuple est indispensable à son histoire. Cette longue marche, mêlée d'ambition et de contradiction, d'idéal et de combat, a forgé une spécificité, une identité différente de celle de nombreux pays arabes et notamment celle des pays du golfe. En effet, dans notre pays, on ne peut se risquer de construire l'avenir, si on ne garde pas présent à l'esprit le poids de notre hérédité historique et la spécificité de notre aventure nationale exceptionnelle. La Révolution en avait le juste sentiment, tout en étant d'inspiration universelle, voulant rendre à la nation ce culte qui n'est dû qu'à la patrie. Comme la liberté, l'égalité et la dignité ne peuvent concrètement exister qu'en s'incarnant dans des structures politiques et économiques, ainsi le sentiment patriotique n'a d'efficace qu'en se ritualisant, si l'on peut dire, et en se revivifiant sans cesse, grâce à des phénomènes de communion : en ce sens la patrie, comme la famille, doit avoir un foyer. En déplaise au gouvernement, la société civile a élu domicile avenue H. Bourguiba.

La nation est ainsi une construction, une création abstraite d'êtres humains s'unissant par un lien affectif au nom de principes et d'histoires communes. Le *legs* du passé est une source de sécurité et de légitimité. Aussi, quoi qu'en pensent les adeptes de ce mouvement, c'est cela qui fait société. Si le parti majoritaire veut se débarrasser de notre mémoire nationale, c'est qu'il voit en elle non seulement le symbole de la modernité, mais surtout un obstacle majeur à la réalisation de son projet d'islamisation par le bas. Or on ne peut changer la mentalité par décret et encore moins priver un peuple de son histoire et de sa mémoire nationale. C'est encore une erreur politique de penser que l'histoire d'une nation doit se confondre avec celle d'un parti politique. Car dans notre pays, depuis la nuit des temps, tout est solidaire de tout, et tout est mêlé à tout. C'est la Tunisie éternelle. Point.

LE SALAFISME OU LA TENTATION INQUIÉTANTE

(Texte paru dans le journal *La Presse* du 01/06/2012)

Dans cette terrible et confuse situation de notre pays, la plus incertaine et la plus périlleuse sans doute de toute son histoire, dans la défaillance et dans la manipulation, la Nation a besoin d'une unité, une unité morale et politique, nécessaire à coup sûr à cette Tunisie en détresse. Cette unité ne peut être fondée que sur une foi et un idéal communs. Elle ne peut être qu'une œuvre de liberté. Disons avec *Mahmoud El Messedis* que l'on cite si volontiers aujourd'hui, qu'il lui faut pour la réaliser, tout autre chose que du réalisme, mais au contraire une *mystique*.

Or, c'est la contradiction intime, irrémédiable de ce prétendu changement salafiste et islamiste que de nous proposer un modèle de société rétrograde et oppressif. Il veut susciter un mouvement de dévouement, de régression, en prenant pour point de départ une renonciation et un abandon de soi ; en taxant d'idéologie vaine la fidélité à la liberté, à la démocratie, à la justice, à l'égalité entre femmes et hommes, à la séparation entre le temporel et le spirituel ; en nous incitant à tourner le dos aux acquis de notre République. Sommes-nous responsables collectivement de l'offensive de ce courant politique réactionnaire et dangereux ? Dire que nous payons aujourd'hui notre laxisme, c'est reconnaître que nous n'avons pas su nous rendre assez forts, ou assez utiliser nos ressources pour s'opposer à ce parti moyenâgeux.

1) Climat de terreur

Après avoir piétiné la drapeau national, agressé le cinéaste Nouri Bouzid et d'autres artistes connus et moins connus, après avoir décrété une portion de notre territoire national *une imara indépendante*, les voilà, forts de ce sentiment d'impunité, couper des mains, s'attaquer à des journalistes, intellectuels…, incendier des biens publics et privés et interdire unilatéralement par la violence la vente d'alcool et autre produit de cette nature. On est plus dans l'ordre du fantasme ou de la fabulation comme le prétendent les militants islamistes *d'Enahda*, mais dans le réel le plus inquiétant. Les Tunisiens ont-ils renversé une dictature mafieuse pour tomber sous la domination d'une autre dictature moyenâgeuse ? Certainement pas.

Il appartient maintenant à nos compatriotes de monter au front pour mettre à mal cette énorme supercherie. Rien, en tout cas, de plus honorable en ce moment qu'un public désaveu de ce qu'ils appellent leur *nouvelle République* en réalité *République dégradante.* Rien de plus courageux et compatible avec notre dignité que de rejeter en bloc toutes leurs idées, sinon imposées par la force illégitime et sans projet pour notre pays. Ces fanatiques prétendent redresser les volontés et les cœurs, alors qu'ils dérivent d'une défaillance des volontés et qu'ils ne peuvent faire appel, en réalité, qu'à des sentiments rétrogrades et médiocres. De quelque illusion que puissent peut-être se leurrer ceux qui prétendent croire encore en un islamisme politique modéré, la vérité est que l'opportunisme ou la ruse seule a pénétré leurs esprits. C'est seulement au pouvoir et à son exercice exclusif qu'ils aspirent.

Certes, le bon sens populaire semble déjouer aisément toutes ces tromperies, et ne s'y sont laissés prendre que ceux qui y étaient déjà embrigadés. Si l'on cherche vraiment à pénétrer dans la conscience de chaque Tunisien pour y ranimer une étincelle de dévouement et un consentement au sacrifice, ce ne pourrait être qu'en lui révélant à lui-même ce qu'il veut sans s'en douter, et une règle à laquelle il ne peut manquer de se sentir tenu dès qu'il la discerne : c'est qu'il veut sans doute ne pas déchoir ; qu'il se sait membre d'une communauté noble et ancienne (berbère, carthaginoise, romaine, byzantine, arabe, musulmane, juive…) qu'il n'a jamais songé à renoncer ; qu'il lui appartient de ne pas l'abaisser et de la léguer à ses successeurs au moins telle qu'elle lui avait été transmise à lui-même ; pour laquelle il lui faut, pour se racheter, consentir à agir.

Or, comment susciter un mouvement populaire pour un vrai changement, pour débarrasser la Tunisie de cette gangrène salafiste (des temps révolus) avant que ce ne soit trop tard ? « L'amour de soi-même, mon suzerain, fait dire Shakespeare à un de ses seigneurs féodaux, n'est pas un défaut aussi bas que l'abandon de soi-même. » S'il faut reconnaître le fait accompli et s'y résigner, ce ne peut être au moins qu'à la condition de l'avoir estimé d'abord à la mesure de notre volonté et de notre raison, de l'avoir compris et de l'utiliser pour notre grand intérêt national. C'est seulement en nous affirmant encore, en nous redisant sans cesse (même sous la menace des ennemis de la démocratie) notre acte de foi en la valeur de l'égalité, de la liberté et de la démocratie, que nous pourront retremper notre volonté et retrouver en nous une source nouvelle de confiance, de dignité, et, s'il se peut, d'enthousiasme et d'héroïsme. C'est seulement en nous fortifiant dans le sentiment qu'il n'y a point de salut pour notre pays avec l'Islam politique et identitaire.

2) Pour une modération à la tunisienne

La modernité à la tunisienne s'est constituée en traçant une ligne de démarcation entre la sphère publique et la sphère privée. Cette opposition entre public et privé relève d'un principe constant posé par la sécularisation *bourguibienne*. L'expression religieuse (croyance et rites) relève de l'espace de la vie personnelle, a contrario, l'espace public est le lieu de la vie politique. Dans cette perspective, la sphère publique assure le dépassement des intérêts individuels ou de groupes, elle est le lieu du débat démocratique, du déploiement de la raison, de la mise en forme et de l'application du droit, tandis que l'espace privé est le lieu de la vie intime, des convictions, des croyances et des passions. Et notre modèle républicain puise sa force dans la promesse de libertés qu'il offre à tous (croyants et non croyants, pratiquants et non pratiquants...), au prix de leur renoncement au particularisme dans l'espace public et de leur identification aux valeurs de l'Etat national en tant qu'individu souverain. Cela va inévitablement nous amener à reposer et à réfléchir deux problématiques : d'une part, le rapport entre l'universel et le relativisme culturel qu'il faut revisiter dans ce contexte de résurrection d'un Islam identitaire agressif afin de valoriser les croyances en des valeurs universelles, donc réintroduire une autre sacralité (juridique) républicaine. D'autre part, résister à un air du temps, qui veut que l'on mette en avant les principes de la coupure entre un Islam politique modéré et un Islam politique extrémiste. La religion qu'elle soit d'acception modérée ou d'acception extrémiste ne doit point se mêler au politique. Point. L'Etat de droit (sécularisé) est l'objectif de notre Révolution. Il ne peut se réduire à la tolérance et à l'acceptation de particularismes limités ; il ne se confond pas davantage avec une religiosité chargée de violence. Sa force principale vient de sa volonté de permettre aux tunisiens de ne point sacrifier leur spécificité : la sécularisation de leur modèle de société. Le salafisme n'a donc pas sa place dans notre Tunisie moderne.

LE GOUVERNEMENT JÉBALI OU L'ÉCHEC DE L'ISLAM POLITIQUE

Texte paru dans le journal *l'Audace* du 15/03/2012

« Il était un petit navire qui n'avait ja-ja- jamais navigué. » Tel est le cas du mouvement Ennahda. Sauf que cette inexpérience, le temps passant commence à devenir non seulement préjudiciable, mais également dangereuse pour le pays. Faute de dessein politique et de projet visible, le mouvement s'est mis sur pilote automatique en retrouvant ses vieilles pratiques : autoritarisme, injonction et double discours... En agissant de la sorte ce mouvement semble se tromper d'époque : il a oublié qu'il y a eu une Révolution en Tunisie.

Le temps de l'alternance a-t- il sonné ? Le gouvernement actuel, par son inexpérience, et son incompétence, a échoué. Et cet échec incombe totalement à Ennahada. Ce mouvement a démontré qu'il ne sait point gouverner. Enfermé dans ses contradictions et ses obsessions extrémistes, il démontre jour après jour qu'il est dans l'incapacité de donner au gouvernement dont il est l'assise politique les moyens programmatoires pour gouverner. Au contraire, il ne cesse d'ajouter la confusion à l'incertitude. Ses chefs passent leur temps à faire diversion pour tamiser leur incapacité à apporter les solutions adéquates aux problèmes d'une Tunisie en grande souffrance. Qui peut, derrière une rhétorique islamiste usée jusqu'à la corde, déceler la moindre cohérence dans la succession des propositions égrainées au fil de l'actualité par un Ghanouchi ou un Jébali. Personne.

1° L'indigence idéologique

Est légitime un gouvernement que les gouvernés dans leur immense majorité tiennent pour tel. Moins un gouvernement est mis en question, plus il est légitime. Jour après jour, manifestation après manifestation, les Tunisiens et les Tunisiennes interpellent la légitimité de ce pouvoir et contestent son autorité. Certes, il est bon que les règles constitutionnelles ne soient pas constamment contestées pour que le gouvernement sorte de la discussion électorale. Mais le peuple est dans son droit d'attendre de ses gouvernants, de la prospective, de la clairvoyance et de l'efficacité. Malheureusement, rien ne semble arriver dans ce sens. Comme si soudain, on a démasqué leur ambiguïté. Six mois s'achèvent, six mois de discussions stériles, de désignation de boucs émissaires (les femmes, les journalistes….), d'appels à la haine contre les opposants, contre les syndicalistes, contre les grévistes. Six mois à tenter de démontrer que notre modernité (acquise) est incompatible avec l'identité arabo-muslmane, que l'égalité homme femme est un péché et pour finir en beauté, le feu d'artifice l'appel (par un prédicateur Egyptien) à l'excision des femmes en solution. Quel triste projet ! Que le mouvement Ennahda convoque ou soutienne par indigence idéologique ces thématiques, n'est point le plus surprenant. Le plus surprenant en revanche, c'est que cette vision a fini par paraître acceptable au-delà du cercle islamiste de la majorité au pouvoir, c'est-à-dire par Etakkatol et par le CPR de Marzouki.

De plus, une poignée de barbus et d'éloquentes porteuses de Nikab ont eux droit à l'aimable bienveillance du gouvernement et des leaders nahadaouis. Ils peuvent en toute impunité faire tout ce qu'ils veulent :

occuper l'espace public, agresser, violenter les citoyens et surtout les citoyennes, point de problème. Les deux mouvements semblent parents par les croyances, par la conduite des acteurs, par les idées inspiratrices ou justificatives. On s'est demandé plus d'une fois dans quelle mesure la violence que les salafistes exercent sur la société n'arrangerait pas les affaires politiques de leurs frères d'Ennahda.

Dernière surprise, les *frères* salafistes dans un acte de haine de la République s'en prennent à son étendard le plus symbolique : le Drapeau. Que fait le gouvernement ? Que fait son Premier ministre ? Que font ceux qui ont eu mandat du peuple pour défendre la Patrie ? Rien. Braves Tunisiens, vous pouvez dormir tranquilles, M. Jébali, votre Premier ministre, dans un élan de fermeté inouïe, a condamné cet acte horrible. Oui vous avez bien lu, il a condamné. Mais simplement condamné. Cependant, soyez sans crainte, il n'a pas fait usage du pouvoir légitime qui est le sien pour punir cette infraction pénale. Non. Monsieur Jébali réserve la prison aux journalistes. A ceux qui osent publier la photo d'une femme dénudée. Mais souiller le Drapeau de notre Patrie n'est point une grave infraction. Cela ne mérite point la prison (sanction déjà prévue par le Code pénal pour un tel acte). Grand dieu, un salafiste en prison, c'est un salafiste non productif. Il serait plus utile libre. Alors qu'il reste en liberté.

Or, une nation, en tout état de cause, ne saurait être regardée comme un simple organisme, n'obéissant qu'aux instincts venus du passé. C'est une œuvre humaine complexe, où la réaction de la raison et de la volonté consciente ont une part, qu'on peut croire limitée, mais qui ne saurait être (en déplaise à Ennahda) nulle.

Deux facteurs que l'islamisme politique doit bien reconnaître comme agissant normalement dans l'histoire des peuples (et notamment le nôtre), les traditions ou l'hérédité, d'une part, et l'adaptation et l'évolution, de l'autre. Il néglige en somme le second, dans ses conclusions, pour ne tenir compte que du premier et surtout au singulier : la tradition religieuse. Or, comme l'histoire ne se répète jamais et que les conditions avec lesquelles un pays doit toujours se maintenir ou se remettre en équilibre changent sans cesse, l'évolution ou la modernisation est de toute évidence plus importante que la tradition. Car elle implique nouveauté, originalité, invention. Par là, l'esprit de l'homme, ses principes et son idéal, sa liberté et son génie, s'insèrent dans le tissu même de la marche évolutive de l'histoire.

D'autant plus que, depuis si longtemps l'extrémisme ou l'intégrisme religieux s'est interrompu (ou même il n'a jamais trouvé terrain fertile) en Tunisie. Il s'est formé chez nous, pour lui faire contrepoids, une tradition contraire, qui est essentiellement celle de la modération et de la sécularisation. Modération et sécularisation dans la pratique institutionnelle, modération et sécularisation dans la pensée et l'on peut même prétendre que cette tradition est plus ancienne encore, en Tunisie, et qu'elle caractérise plus authentiquement que toutes les autres (celles importées du Moyen Orient), l'identité nationale. Comment alors espérer renouer la chaîne du temps ? Ajoutez qu'il nous faudra choisir, dans un très long passé, l'époque à laquelle on voudra se rattacher, ou celles des institutions, lois ou coutumes anciennes, qu'on essaiera de faire revivre. Sans compter que, dans ce choix, bien des difficultés se rencontreront, bien des divergences d'appréciation se feront jour. On ne reprendra donc telle institution du passé que parce que, après examen, on l'aura jugée actuellement utile, c'est-à-dire qu'il faudra la soumettre, bon gré mal gré à la libre critique, à la raison abstraite et aux lois de la modernité.

Comment dans une Tunisie où le Droit des femmes est inscrit dans les lois et dans l'ADN même de la nation, faut-il convaincre la majorité que pour avancer et se moderniser, on doit relégaliser la polygamie, reconnaître la supériorité naturelle de l'homme sur la femme et en faire un *être* domestique réduit à servir son homme. C'est une mauvaise blague. C'est une insulte à celles qui étaient plus actives que certains *barbus* pour accomplir l'œuvre révolutionnaire et nous débarrasser de Ben Ali. Ainsi, l'Islam politique ne peut pas, plus du point de vue de l'histoire que du point de vue de la sociologie, nous apparaître comme fournissant, du problème de l'autorité politique, une solution qui s'impose d'elle-même. Les partisans de cette idéologie ne peuvent tout au plus que revoir leur conception. Car le fondamentalisme ne peut en aucun cas fournir à la Tunisie actuelle le principe même de gouvernance. La preuve.

2° Le danger politique

Voilà la situation dans laquelle se trouve aujourd'hui notre pays. Le gouvernement et sa coalition semblent agir tous de la même façon. Il n'y a point d'idée neuve. Pourtant, la condition première, et pour ainsi dire évidente, tellement banale que nous osons à peine la formuler, c'est qu'il sorte une volonté politique de la confrontation des idées et de la compétition des partis. Démocratie signifie à l'origine *règne du peuple*. Le peuple est la source du Droit, à lui de décider de ce qui est mal et de ce qui est bien. Telle est la première théorie de la démocratie, dont l'expression la plus marquante, et la plus conséquente aussi, est celle des courants politiques de la Révolution des Lumières. Il faut compléter cette définition par ce que nous appelons *un gouvernement responsable*. Un gouvernement doit en tout temps pouvoir rendre des comptes à son peuple, à s'expliquer avec lui, faire état de résultats et demander au peuple s'il est satisfait ou non.

Mais quand nous avons affaire à un système tel que le nôtre où il ne se passe rien, où la domination d'un parti empêche toute bonne décision, ce système ne peut plus être démocratique. Un gouvernement qui ne gouverne pas ne peut faire état de quoi que ce soit. La grande déchéance de la démocratie moderne vient de cette absence de décision, de cette immobilité, de cette impuissance politique auxquelles l'ont menés les gouvernants et leurs controverses. Ce qui importe, pour savoir si un régime peut être rangé ou non dans le monde démocratique, n'est pas tant le fait qu'il soit élu directement par le peuple (même Hitler a été élu), mais qu'il puisse le redevenir dans l'exercice du pouvoir.

Or depuis la prise du pouvoir de ce gouvernement de coalition à domination islamiste, on a vu se constituer, en double exemplaire si l'on peut dire, une conception du pouvoir et de l'Etat, qu'on est tenté d'appeler particulière, et qui menace de devenir le type même d'un pouvoir totalisant. Il est vrai que, dès qu'on essaye d'en dégager l'idée directrice, on se heurte aux obscurités les plus épaisses, aux incertitudes et aux équivoques. Ajoutez l'instabilité d'une situation intérieure troublée et confuse, le désarroi d'une révolution politique qui tarde à se réaliser, une atmosphère de guerre civile (menée par des salafistes dangereux) et la crainte d'un complet bouleversement social et d'une complète anarchie. De tout cela naît un terreau propice à la dictature. C'est bien là, semble-t-il, la notion centrale des régimes totalitaires.

Un parti politique, fût-il élu à 40 % de suffrage, pourra être l'instrument et l'expression de ce processus. Ce n'est pas parce qu'il est le plus fort ou veut le devenir, qu'il écrasera tous les autres partis, en leur refusant le droit de s'opposer. Tout prêt, au besoin, à les éliminer par les mesures les plus arbitraires et les plus brutales, sans exposer les motifs. Une telle pratique enveloppe toute une philosophie. Elle a pour axiome premier l'affirmation de l'inégalité foncière entre les courants et les familles politiques : ceux qui sont avec nous et ceux qui sont contre nous. Conception dont on ne saurait nier la franchise simpliste, et qui s'achève logiquement par l'élimination de l'adversaire devenant de la sorte un ennemi à abattre. S'etonne-t-on alors que Ennahda entre guerre avec l'UGTT et les autres forces politique ? C'est plus fort qu'elle. Et toutes les médiations (engagées ou à engager) ne sont que littérature.

Elle recommencera, car l'esprit du parti dominant est actuellement dans sa nature même. Tel un chêne qui absorbe tous les sucs nourriciers du sol, aussi loin que s'étendent ses racines et au détriment des autres arbres qui peuvent l'entourer. Il fait le vide autour de lui pour aller jusqu'au bout de sa puissance. Une telle doctrine est d'inspiration totalitaire. Elle repose sur la notion de l'obéissance et de la pensée unique. Elle a aussi un côté métaphysique et mystique, puisqu'elle se pense comme messager de dieu. Il est intéressant de noter que le caractère mystique de cette doctrine s'applique surtout aux fins ultimes, à la marche générale des faits. Tandis que l'aspect essentiellement positif, celui des moyens par lesquels elle arrive au pouvoir, c'est-à-dire l'élection, passe au second plan.

La dernière remarque à laquelle nous tenons beaucoup : une démocratie dans laquelle le gouvernement traite ses citoyens en orthodoxes et en hérétiques cesse d'être une démocratie. C'est un régime où le gouvernement, sous couvert d'une idéologie rationnelle, cherche à imposer une dictature religieuse. Alors citoyens, il faut que nous soyons vigilants …

LE GOUVERNEMENT JÉBALI OU L'ÉCHEC DE L'ISLAM POLITIQUE (2)

Texte paru dans le journal *Audace*, le 29/03/2012

Ennahada veut islamiser la modernité et la majorité des Tunisiens veut moderniser l'Islam.

Aucun pays du monde arabo-musulman n'a reçu une charge symbolique aussi lourde que la Tunisie après la Révolution, et aucun n'a fait l'objet de discours mythiques aussi fortement investis et aussi violemment contradictoires. En effet, notre pays est le premier pays arabe à se débarrasser de sa dictature et il est également le premier à avoir désigné par voie électorale un gouvernement islamiste dit *modéré*. Et il est enfin le premier qui va certainement lever définitivement l'hypothèque de l'Islam politique. Car cette tendance qui est actuellement au pouvoir a échoué. Elle a démontré par l'action qu'elle ne sait point gouverner. Les raisons d'un tel échec sont multiples. Mais la plus importante : l'Islam politique désigne une conception sociopolitique dont les traits essentiels sont l'anti-modernité.

Si gouverner comporte toujours un pôle opératoire impliquant l'utilisation des connaissances pour administrer les choses et les personnes et contrôler leurs comportements, il comporte également un rôle pulsionnel ayant pour objectif de faire en sorte que les citoyens soient en mesure d'adhérer à une idéologie, à un parti, à un courant et de s'identifier peu ou prou, à ceux-ci. Sans un minimum de consensus, sans la formation d'un lien politique attachant les hommes, les uns aux autres, et favorisant entre eux des liens de fraternité et de solidarité, aucun gouvernement ne pourrait perdurer. Et ceci dans notre société (société d'après la Révolution) qui a voulu instituer la dignité comme le nouveau sacré transcendant les différences et susceptible d'exiger de chacun de ses ressortissants l'adhésion à cet idéal. Or que fait Ennahda en quelques mois de gouvernement ? Elle clive la société et la met au bord d'une guerre civile.

1) Ennahada ou la recherche d'une adhésion totalisante de la société.

Nous nommons une gestion totalisante des affaires publiques, une gestion qui veut accéder au statut du sacré unique et plus encore à la sphère lumineuse, dans la mesure où ce terme renvoie non seulement à la transcendance, mais également au mystérieux, à la fois ambiguë et effrayante. Dans un tel cas, le parti surplombe l'ensemble de ses concitoyens qui lui sont (dans sa logique) liés par une dette de reconnaissance (bayâ). Tout vient du parti et tout doit y revenir. Cette vision qui affirme l'existence d'une adhésion compacte, totalement identifiée à l'appareil gouvernemental censé exprimer la quintessence de la volonté populaire, ne peut se forger qu'en se donnant un système unique de référence de sa légitimité. Dans le cas d'Ennahda : c'est l'Islam. Cette référence doit être apte à fournir les réponses adéquates à toutes les questions. Elle doit se donner comme la vérité ultime.

Dès lors, cette vérité doit être proférée par tous les moyens, y compris par la violence. Elle demande l'adhésion, la soumission totale, la dévotion, l'admiration, l'idolâtrie. Point de critique. Si des obstacles existent, ils ne peuvent être que le fait de *Kofars* des hérétiques ayant le virus de la liberté et de la modernité. Il faut alors les combattre. Pour ce faire, nos islamistes *dit modérés* d'Ennahda, ne pouvant pas recourir à l'appareil de sécurité, c'est-à-dire à la police car cela peut se voir, ont recours aux *frères*, les plus salafistes d'entres eux. Ils se chargeront de faire la police, de ramener la partie récalcitrante de la société sur le droit chemin. On arrive ainsi finalement à l'opposition de deux aspects de la réalité sociale entre lesquels, il faut bien choisir, et qui s'imposent à chacun à sa façon : la force et le droit. La brutalité devient un mode de gouvernement. Le salafisme, bras séculier de ceux qui gouvernent, prétend écraser sous son talon les revendications de droit, sous l'œil bien vaillant des autres *frères*.

Ainsi, on le voit donc, quelques divers qu'ils soient, Ennahda et le salfisme sont irréductibles à une même mesure. Ils se présentent dans leur contraste aux Tunisiens comme une providence. Il faut la concevoir (cette providence salafao-nahdaoui) comme la croyance qu'une puissance divine pénètre dans notre société, et tôt ou tard y assurera, la victoire du bien sur le mal. Conséquence, le problème politique devient en fin de compte un problème purement de conquête religieuse. De là, la contradiction intime de la politique suivie depuis les élections par le mouvement Ennahda, et l'atmosphère irrespirable d'hypocrisie et de mensonges où elle se développe. Elle ne croit qu'aux intérêts et à la force brutale, tandis qu'elle ne parle que de moralité et de démocratie. D'où la grossièreté d'une propagande éhontée contre l'ennemi intérieur : les opposants, les journalistes, la télévision, les syndicalistes… Bref, tous ceux qui ne pensent pas comme eux. Nous sommes gérés par un gouvernement paranoïaque.

2) Ennahda ou l'abus de majorité.

Les obstacles à l'extension continue de la démocratie dans notre pays sont encore nombreux. La résistance la plus évidente vient de la pratique de la majorité gouvernementale. Leurs fidèles et surtout leurs clergés ne sont pas forcément dispensés à accepter le principe d'un Etat civil, qui suppose que la foi devienne une affaire personnelle où la sphère publique n'a pas à intervenir, que ce soit pour inciter ou réprimer.

En somme, ce conflit entre tradition et modernité est susceptible de prendre un tour aigu. Une poussée désintégratrice des échecs économiques, des injustices sociales, des mécontentements conjugués qui en découlent, y soumet à rude épreuve les formules bâtardes de l'Islam politique. Cette remise en question peut certes déboucher sur la recherche d'une démocratie franchement séculière, mais elle peut aussi conduire à récuser l'idée de démocratie comme espace de débat et de liberté. On tentera dans ce cas à faire prévaloir le principe majoritaire. *Je suis en nombre majoritaire, j'ai donc politiquement raison*. Point de discussion. Or, en démocratie, il existe le principe de l'abus de majorité.

Il est incontestable qu'en dépit de la légitimité électorale, une majorité politique peut prendre des décisions que la minorité tiendra pour préjudiciables. Donc la combattre. Vouloir passer en force ou nier le droit de l'opposition à jouer son rôle de contre pouvoir est une manière de refuser tout débat contradictoire. Or l'usage légitime du principe de majorité dépend du respect de certaines limites qui découlent des exigences de la démocratie elle-même. Mais avant de souligner les limites externes que la démocratie impose au principe de majorité, il faut évoquer les problèmes que posent certaines limites internes qui concernent la rationalité logique de la décision.

On peut se demander s'il n'est pas vain de justifier le caractère relativement équitable du principe de majorité, alors que l'utilisation totalisante de ce principe (comme c'est le cas actuellement dans notre pays) peut conduire à des résultats incohérents et inintelligibles. En effet, nul n'ignore que Condorcet a mis en lumière le paradoxe auquel peut conduire l'application aveugle du principe de majorité. Lorsque trois partis politiques (à vision différente) sont appelés à exprimer leur ordre de préférence concernant trois solutions, l'utilisation du principe de majorité dans le but de départager les ordres de préférence politique et de dégager une décision collective peut conduire à un résultat incohérent. Ceci explique, entre autres, l'absence de viabilité décisionnelle de ce gouvernement à trois têtes.

Lorsque Ennahda expose sa conception islamiste de la démocratie confondant deux idées qui doivent, à notre avis, être séparées, elle tombe dans la négation des principes démocratiques. En effet, en voulant faire croire que l'idée selon laquelle toute décision émanant du gouvernement traduirait exactement les exigences de l'intérêt collectif et donc incritiquable, c'est une manière de gouverner par injonction. Au contraire, nous estimons que si le processus démocratique de la décision est respecté, il doit assurer aux citoyens la plus large autonomie possible pour apporter la contradiction à une décision qui n'est en réalité qu'une traduction normative d'une position idéologique. Donc partisane. Mais Ennahda ne partage pas ce point de vue. Car dans son ADN idéologique, elle rejette la dialectique. Elle ne peut accepter qu'on lui apporte une quelconque contradiction. Aussi, le mouvement est constamment mis en état d'alerte pour prêter main forte au gouvernement. Toutes les oppositions formulées contre la marche gouvernementale sont vécues par les *frères* comme une trahison de la part des personnes qui les portent. Ils ne comprennent pas que la noblesse de la démocratie est d'avoir prévu l'indispensable respect de la minorité. Alors les *frères* sont-ils au fond démocrates ?

D'autre part, les décisions prises par une majorité ne peuvent porter atteinte aux conditions d'existence du système démocratique. De ce point de vue, les décisions en cause ne peuvent avoir pour objectif ou pour conséquence d'annihiler les droits fondamentaux et les libertés qui constituent les conditions de l'autonomie des citoyens. Il s'agit, entre autres, des droits qui permettent à ceux-ci de participer au processus de décision collective, tels que les droits qui rendent possibles la formation, l'expression et la discussion... Diverses procédures devraient être mises en place pour assurer la protection des droits en jeu. La possibilité qui serait offerte, par exemple, à l'opposition, de provoquer une nouvelle délibération quand la décision portant sur des choix de société ne faisait pas l'unanimité, serait certainement l'expression d'un respect de la diversité politique de la part de la majorité. Mais Ennahada et sa coalition n'en ont cure.

Les mêmes équivoques, les mêmes contradictions intimes se retrouvent donc partout à la racine de cette islamisation forcée à laquelle on nous convie. Elle prétend redresser les volontés et les cœurs. Or elle ne fait appel, en réalité, qu'à des sentiments mesquins et médiocres. C'est une sorte de quadrature du cercle qu'elle se propose : faire jaillir à nouveau les énergies nationales par l'injonction, l'agression ou la ruse. Susciter un effort de courage civique au-dedans par une complète soumission au dehors, notamment aux monarchies du golfe. Réveiller le sentiment de l'intérêt général, en le mettant pour commencer au service de ses partisans (même pratique que Ben Ali). Faire de l'éducation un projet, mais en pliant l'université aux gestes et aux attitudes d'une horde de sauvages salafistes. Accepter l'aide des pays amis tel que le Quatar, pour se plier plus docilement à ses consignes.

Comment alors construire une démocratie, un Etat droit, si l'on ne fait appel en chacun qu'à des sentiments de haine et de rejet ? Comment fortifier le sentiment de solidarité nationale en ne s'adressant et en ne donnant satisfaction qu'à ses propres partisans ?

Voilà quelques mois après l'accès au pouvoir de l'Islam politique, la Tunisie est en train de découvrir une autre vérité, à savoir que l'enracinement de la démocratie dans les esprits, l'acceptation par tous de ses principes l'obligent à prendre elle-même en charge les conditions de sa survie et de son développement. Et que l'implantation de la démocratie dans notre pays nécessite le courage et l'engagement politique. Cela passe aussi par la capacité de ce peuple à lever définitivement l'hypothèque de l'Islam politique qui, on le voit jour après jour, nous démontre son incapacité à apporter les solutions aux maux dont souffre notre société. Sauf agiter la peur par la médiation salafiste et réveiller des vieilles lunes telles que vouloir introduire la charia dans la Constitution. Les nahdaouis touillent dans une marmite dont on connaît la saveur.

Pour s'en sortir point de miracle. Il faut nous fortifier dans le sentiment de notre bon droit, de notre volonté de ne plus se laisser faire. C'est seulement en affirmant encore, en nous redisant sans cesse à voix haute (pour qu'ils entendent) notre acte de foi en la valeur de la raison, de la justice, de la liberté, du progrès et de la démocratie. A chaque fois que notre peuple a côtoyé l'abîme (et parfois y est tombé) il a su changer de cap et s'inventer de nouveaux investissements. Pour le moment, il observe, il juge, il découvre l'indigence en action de ceux qui le gouvernent. C'est pour cette raison que nous pensons qu'un peuple qui a fait la Révolution ne va plus accepter ni la soumission ni la démagogie, surtout religieuse. La *Tunisie est un pays certes musulman, mais non point islamiste*. La différence fondamentale entre les islamistes d'Ennahada et la majorité des Tunisiens : les nahdaouis veulent islamiser la modernité et les Tunisiens veulent moderniser l'Islam.

Table des matières

Introduction 11

Chapitre I
La Révolution en processus 21

Chapitre II
La Révolution et son droit 49

Chapitre III
Le Printemps constitutionnel 65

Chapitre IV
Essai sur l'avenir : vers une République parlementaire 75

Annexes
Le droit en action 111

- *Les valeurs de la République : acquis et perspectives* 115
- *Dernier regard sur les élections : irréalisme des modernes et opportunisme des traditionalistes* 121
- *Ennahda face à elle-même ?* 129
- *L'affaire de la faculté des lettres de Manouba : retour sur une occupation pas comme les autres* 135
- *Le 9 avril : les trois graves erreurs du gouvernement* 143
- *Le salafisme ou la tentation inquiétante* 151
- *Le gouvernement Jébali ou l'échec de l'Islam politique* 157
- *Le gouvernement Jébali ou l'échec de l'Islam politique (2)* 165

Remerciements

Je dois remercier chaleureusement Valérie le Garroy pour avoir avec indulgence amicale et professionnalisme mis en page cet ouvrage, Inés, Elias et Cathy pour sa lecture critique et précise, et pour s'être montrée disposée de me décharger de quelques obligations paternelles pendant que je travaillais sur ce texte.

La Tunisie

aux éditions L'Harmattan

Dernières parutions

LITTORAL ET LE DÉSERT TUNISIENS
Développement humain et disparités régionales en Tunisie
Bousnina Adel
En dépit du développement et de performances socio-économiques indéniables, la société demeure inégalitaire en Tunisie. Comment ont évolué les indicateurs du développement humain en Tunisie ? Quelles sont les causes et les explications de l'inégal développement régional ? Enfin, quelle est la perception des responsables tunisiens et de la population quant à l'inégal développement, la dichotomie géographique, particulièrement entre le «littoral» et «l'intérieur».
(Coll. Histoire et perspectives méditerranéennes, 34.50 euros, 336 p.)
ISBN : 978-2-336-00636-9, ISBN EBOOK : 978-2-296-51160-6

EL-LOUD – Approche anthropologique
Jedi Essedik, Ben Ali Arbi
Les îles Kerkennah en Tunisie. Un archipel stratégique pour le commerce transméditerranéen comme pour les échanges par cabotage le long des côtes méditerranéennes ! Et qui dit El-Loud dit îles Kerkennah. El-Loud désigne aujourd'hui le bac par lequel on accède aux îles Kerkennah. Mais le El-Loud d'aujourd'hui n'est plus le El-Loud d'antan : un voilier de 9 à 12 mètres de long... Mais comment et pourquoi l'expérience au passé avec El-Loud prend-elle place d'une expérience fondatrice ?
(20.00 euros) *ISBN : 978-2-296-57474-8*

L'HARMATTAN, ITALIA
Via Degli Artisti 15; 10124 Torino

L'HARMATTAN HONGRIE
Könyvesbolt ; Kossuth L. u. 14-16
1053 Budapest

ESPACE L'HARMATTAN KINSHASA
Faculté des Sciences sociales,
politiques et administratives
BP243, KIN XI
Université de Kinshasa

L'HARMATTAN CONGO
67, av. E. P. Lumumba
Bât. – Congo Pharmacie (Bib. Nat.)
BP2874 Brazzaville
harmattan.congo@yahoo.fr

L'HARMATTAN GUINÉE
Almamya Rue KA 028, en face du restaurant Le Cèdre
OKB agency BP 3470 Conakry
(00224) 60 20 85 08
harmattanguinee@yahoo.fr

L'HARMATTAN CAMEROUN
BP 11486
Face à la SNI, immeuble Don Bosco
Yaoundé
(00237) 99 76 61 66
harmattancam@yahoo.fr

L'HARMATTAN CÔTE D'IVOIRE
Résidence Karl / cité des arts
Abidjan-Cocody 03 BP 1588 Abidjan 03
(00225) 05 77 87 31
etien_nda@yahoo.fr

L'HARMATTAN MAURITANIE
Espace El Kettab du livre francophone
N° 472 avenue du Palais des Congrès
BP 316 Nouakchott
(00222) 63 25 980

L'HARMATTAN SÉNÉGAL
« Villa Rose », rue de Diourbel X G, Point E
BP 45034 Dakar FANN
(00221) 33 825 98 58 / 77 242 25 08
senharmattan@gmail.com

L'HARMATTAN TOGO
1771, Bd du 13 janvier
BP 414 Lomé
Tél : 00 228 2201792
gerry@taama.net

641829 - Février 2016
Achevé d'imprimer par

1livre.com
du rêve à la réalité !